Abt Johannes Eckert

Heute – Aus der Fülle der Gegenwart leben

Abt Johannes Eckert

Heute – Aus der Fülle der Gegenwart leben

Meditationen über das Lukasevangelium

Kösel

MIX
Papier aus verantwortungsvollen Quellen
FSC® C014496

Verlagsgruppe Random House FSC® N001967
Das für dieses Buch verwendete FSC®-zertifizierte Papier *Munken Premium Cream* liefert Arctic Paper Munkedals AB, Schweden.

Umschlag: Weiss Werkstatt München
Umschlagmotiv: Susanne Krauss, Grafing b. München
Druck und Bindung: GGP Media GmbH, Pößneck
Printed in Germany
ISBN 978-3-466-37137-2

www.koesel.de

Inhalt

Heute leben

Heute – so lautet seit über vierzig Jahren der programmatische Titel der Nachrichtensendung des Zweiten Deutschen Fernsehens. Im Unterschied zur ARD mit ihrer Tagesschau, bei der in einer Rückschau der Tag Revue passiert, soll mit dem Namen Heute die Aktualität der Sendung unterstrichen werden: Es geht um das Heute! Sich dem Heute immer wieder neu zu stellen, ist und bleibt eine nicht einfache Aufgabe.

Heute ist nicht Schnee von gestern, eine nostalgische Rückschau auf das Vergangene.

Heute ist ebenso nicht morgen, die Vertröstung auf die Zukunft nach dem Motto: Morgen, morgen, nur nicht heute … Heute ist aktuell, sodass – manchmal im Blick auf den Titel der Nachrichtensendung angesprochen – einem humorvoll die Frage gestellt wird: »Hast du gestern *Heute* gesehen oder hast du gestern *Heute* verpasst?«

Das Heute verpassen ist eine Erfahrung, die wir wahrscheinlich alle kennen. Am Abend fragen wir uns manchmal: »Was war denn heute alles los?« Auch verlieren wir als Erwachsene schnell die Sensibilität für das Heute, weil uns die Erinnerungen der Vergangenheit gefangen halten. Wir träumen von der guten alten Zeit und sehen gar nicht die Chancen, die uns heute begegnen. Ebenso belasten uns Erfahrungen, die wir einmal gemacht haben, sodass wir nicht mehr offen sind für das, was uns gegenwärtig herausfordert.

Einerseits sind wir also mit der Vergangenheit befasst, andererseits denken wir allzu häufig an die Zukunft. Es gilt, Visionen zu entwickeln, Risiken zu kalkulieren, Termine zu vereinbaren und vieles andere mehr. Wir wollen die Zukunft in den Griff bekommen. Doch dieser wie gehetzt wirkende Blick nach vorn behindert uns, die Herausforderungen im Heute wahr- und ernst zu nehmen. Oft ist es also gar nicht so einfach, im Heute zu leben.

Für mich ist es immer wieder faszinierend, wie kleine Kinder ganz und gar gegenwärtig leben können, wenn sie etwa im Spiel völlig in ihrer Phantasiewelt aufgehen. Sie leben spontan im Jetzt, und weder die Sorge um morgen, noch die Erinnerung an das Gestern beschäftigt sie. »Jetzt spiele ich Indianer, jetzt habe ich Hunger, jetzt möchte ich die Oma besuchen.« Für Kinder ist die Gegenwart die wichtigste aller Zeiten! Sie verpassen nicht das Heute!

Manchmal erfahren auch wir Erwachsene, wie das Heute unerwartet in unser Leben einbricht. Überraschend begegnen wir einem alten Freund. Wir freuen uns über das Wiedersehen, genießen den Glücksmoment und die Zeit scheint stehenzubleiben. Freilich kann Gleiches auch auf unangenehme Weise geschehen, beispielsweise durch einen Unglücksfall. Alles andere, was uns gerade beschäftigt, wird von jetzt auf nachher zweitrangig. Die schwierige Situation in der Gegenwart bündelt sämtliche Kräfte. Auch in solchen Situationen erfahren wir, wie die Zeit stehenbleibt.

Von der Wortbedeutung meint »heute«, abgeleitet vom Althochdeutschen »hiu tagu«, einfach »an diesem Tag«. Das umschreibt auch das lateinische Wort »hodie«. Es setzt sich zusammen aus »hoc dies« – »dieser Tag«. »Das Heute – dieser Tag« ist uns aufgegeben, das heißt, wir sind aufgerufen, das, was der konkrete Tag mit sich bringt, anzunehmen und willkommen zu heißen. Die Gegenwart – der heutige Tag ist die wichtigste aller Zeiten: Heute ist aktuell.

durch die Frohe Botschaft

Das war auch vor 50 Jahren das große Anliegen von Papst Johannes XXIII. Angelo Giuseppe Roncalli, wie er mit bürgerlichem Namen hieß, lebte von 1881 bis 1963 und wird auch »der Konzilspapst« genannt. Mit dem Schlagwort »Aggiornamento« – »Verheutigung« – forderte er eine grundlegende Erneuerung der Kirche und berief für alle überraschend das Zweite Vatikanische Konzil ein. Durch eine konsequente Hinwendung der Gläubigen auf das Heute sollte diese Erneuerung geschehen, wie es der Untertitel des Textes verdeutlicht, den die Konzilsväter unter dem Eindruck der Eröffnungsrede des Papstes formuliert haben: *Gaudium et spes* (Freude und Hoffnung). Die Kirche in der Welt von heute.

»Aggiornamento« meint wortwörtlich übersetzt »auf den Tag bringen« und bedeutet, im Heute auf die Spurensuche Gottes zu gehen, die Zeichen der Zeit zu deuten und sie mit dem Evangelium, der Frohen Botschaft, in Zusammenhang zu bringen. Das Evangelium soll »auf den Tag gebracht werden«. Wir könnten auch von einem »Update« sprechen. Wie das geschehen kann, wird im Text aus dem Zweiten Vatikanischen Konzil, *Gaudium et spes*, folgendermaßen formuliert: »Freude und Hoffnung, Trauer und Angst der Menschen von heute, besonders der Armen und Bedrängten aller Art, sind auch Freude und Hoffnung, Trauer und Angst der Jünger Christi« (GS 1). Fünfzig Jahre nach dem Konzil haben diese Worte nichts an Aktualität verloren. Dies unterstreicht Papst Franziskus, indem er sein Apostolisches Schreiben *Evangelii Gaudium* programmatisch mit den Worten untertitelt: Über die Verkündigung des Evangeliums in der Welt von heute!

»Die Welt von heute«, das ist unsere Lebenswirklichkeit, und sie gilt es mit ihren Herausforderungen und Chancen ernst zu nehmen, nicht zu verteufeln, sondern genau dort anzusetzen. Diese Lebenswirklichkeit ist uns heute von Gott aufgegeben. Daher ist es unser Auftrag als Christen, im Sinne des »Aggiornamento« nach den Zeichen der Zeit zu suchen und darin Spuren des Evangeliums zu entdecken. Diese Spuren stecken in den Antworten von »Leuten von heute«, wenn sie gefragt werden: »Was prägt euer Heute? Was berührt euch? Wo erfahrt ihr darin etwas vom Ewigen, von Gott, von seiner grenzenlosen Weite?« Das sind Fragen, die zutiefst den Lebenssinn berühren, wenn sie sensibel gestellt und ehrlich beantwortet werden. Letztlich geht es bei einem Austausch dieser Art darum, das Evangelium so an den Tag zu legen, dass es »Menschen von heute« zum Leben verhilft. Denn nichts anderes hatte Jesus im Sinn.

Dies gelingt jedoch nur, wenn wir weder »Christen von gestern« noch »Christen von morgen« sind, sondern als »Christen von heute« leben. Es hilft nichts, darauf zu verweisen, dass früher alles besser war. Ebenso ist es trügerisch, sich ausschließlich mit Visionen oder Pastoralplänen der kommenden 20 Jahre zu beschäftigen und dabei die Herausforderungen und Chancen des Heute zu verpassen. Die Gegenwart ist Heilszeit, in der sich die Frohe Botschaft ›verheutigen‹ will. Denn ohne das Heute hat das Evangelium keine Bedeutung mehr. Es hat seinen wesentlichen Sinn verloren und wird zum Märchen längst vergangener Zeiten.

wie der Evangelist Lukas

Dieser Herausforderung der Vergegenwärtigung hat sich in seiner Zeit, ca. 50 nach dem Tod Jesu, besonders der Evangelist Lukas gestellt. Mit seinem Evangelium will er seiner Gemeinde helfen, das Heute zu meistern. Lukas ist davon überzeugt, dass der Auferstandene im Heute der Gemeinde gegenwärtig ist. Er will sie motivieren, bewegen, in ihrer konkreten Gegenwart auf die Spurensuche Gottes zu gehen. An entscheidenden Stellen seines Evangeliums sowie der ebenfalls von ihm verfassten Apostelgeschichte fügt er daher das Wörtchen »Heute« ein. Diese besonderen Verweise helfen auch uns, fast 2000 Jahre später das Evangelium zu verheutigen. Sie sind gleichsam eine Kurzfassung des ganzen Werkes und blitzen wie Signalpunkte oder Leuchttürme auf, die für den oft dunklen Weg lebenswichtige Orientierung geben. Lukas schildert in seinem Evangelium, wie Jesus auf seinem Weg »Leuten von heute« begegnet. Er holt die Menschen dort ab, wo sie stehen. Er lässt sich auf ihre konkreten Lebenssituationen und Nöte ein, eben auf ihre Gegenwart. Er drängt sich ihnen nicht auf, sondern begegnet ihnen offen und interessiert, sodass die Begegnung mit ihm ihr Leben verändert. Das ist die Frohe Botschaft, das Evangelium, das Lukas seiner Gemeinde als Ermutigung weitergeben will: »Wenn ihr das Evangelium lest und hört, dann begegnet euch darin Jesus. In diesen Worten spricht er euch heute an und interessiert sich für das, was euch beschäftigt. Sucht ihm in eurem konkreten Alltag zu begegnen! Er verheutigt sich mitten unter euch.« Damit ist Lukas fest davon überzeugt, dass das Evangelium nicht eine abgeschlossene Episode ist, die sich vor 50 Jahren abgespielt hat. Das Evangelium ist vielmehr ein Prozess, der sich durch die Zeit zieht. Auch ist es keine Zukunftsvision, die sich erst mit der Wiederkunft Jesu erfüllen wird. Vielmehr ist Jesus Tag für Tag unterwegs durch die Geschichte. Dadurch verheutigt sich sein Evangelium stets aufs Neue im Leben der Gemeinde. Um diese in all ihrer Unzulänglichkeit und Schwachheit, mit ihren Problemen und Sorgen zu ermutigen, nimmt Lukas besonders die Außenseiter und Randgruppen in den Blick: Die Armen, Kranken, Sünder, Zöllner und Verlorenen erfahren durch die Begegnung mit Jesus Heilung und Heil. Dieses soziale Engagement ist ein roter Faden, der sich durch das ganze Evangelium zieht. Den Randgruppen gilt die besondere Zuwendung und Nähe Jesu. Genau das soll einerseits die Gemeinde in ihrer gegenwärtigen Situation bewegen, mit Barmherzigkeit und Weite den Armen und Schwachen ihrer Zeit zu begegnen. Deshalb wird Lukas auch gerne als Evangelist der Barmherzigkeit bezeichnet. Andererseits gilt diese liebende Zuwendung Gottes nicht minder der Gemeinde selbst mit all ihren gegenwärtigen Herausforderungen. Auch wenn gut 50 Jahre nach dem Tod Jesu seine angekündigte

Wiederkunft ausbleibt, auch wenn es in der Gemeinde Richtungsstreitigkeiten über den Weg in die Zukunft gibt, auch wenn Christen auf unterschiedliche Weise von außen angefeindet und verfolgt werden und sich gesellschaftlich an den Rand gedrängt fühlen. In allen diesen Herausforderungen und Problemen soll die Gemeinde nicht aufgeben. In ihrem konkreten Heute, so verworren es auch oft sein mag, bleibt der Auferstandene als Retter und Erlöser gegenwärtig und anwesend. Er lebt mitten unter ihnen. Er teilt mit ihnen ihre Sorgen und will ihnen liebend beistehen. Ohne dieses »Heute« wäre das Evangelium bedeutungslos.

im 21. Jahrhundert

Dieser präsentische Impuls des Lukas ist Ermutigung für Christen aller Zeiten, auch für uns heute am Beginn des 3. Jahrtausends. Das Lukasevangelium ist also weder nostalgische Rückschau auf eine Zeit, in der alles besser war, noch Vertröstung auf eine Zukunft, in der alles besser sein wird. Es ist die Frohe Botschaft für »Leute von heute«. Das bedeutet für uns, sich auf die konkrete Zeit einzulassen, sich nicht von der Welt abzuwenden, in der wir leben, und sie als schlecht abzutun. Vielmehr ist es uns aufgetragen, aufzubrechen und hineinzuwandern in unsere Zeit. Wir sollen uns täglich neu auf den Weg machen im Vertrauen, dass Jesus auch uns auf unseren Wegen begegnet. Lukas ermutigt uns dazu, diesen zuversichtlichen Glauben an den Tag zu legen, dass der Auferstandene mitten unter uns lebt. Letztlich geht es dabei um das eingangs erwähnte »Aggiornamento«, das aller Erneuerung und Heilung dienen will. Unter diesem Gesichtspunkt wollen wir im Folgenden sechs Stellen aus dem Werk des Lukas betrachten, an denen er das Signalwort »heute« verwendet, und versuchen, diese auf unsere Lebenssituation zu übertragen. Es geht also um nichts anderes als Verheutigung des Evangeliums, sodass dieses sich auch in unserem Leben ereignen kann. Dabei wollen wir Jesus begegnen, indem wir versuchen, die Szenen in unseren konkreten Alltag zu übertragen. Am Ende eines jeden Kapitels soll stets eine »Benediktinische Verheutigung« stehen. Kurze Texte aus der Benediktsregel wollen helfen, das Gelesene nochmals aus einem anderen Blickwinkel heraus zu meditieren. Damit stehen wir ganz in benediktinischer Tradition, wenn Benedikt in der Vorrede zu seiner Regel das Psalmwort zitiert: »Heute, wenn ihr seine Stimme hört, verhärtet eure Herzen nicht!« Es ist dem 95. Psalm entnommen, den die Mönchsgemeinschaft jeden Morgen zu Beginn des ersten Gebets miteinander betet. Dieser Psalm ist gleichsam das Vorzeichen für den neuen Tag und fordert jeden einzelnen Mönch auf, offen dem Neuen zu begegnen: »Was wird das ›Heute‹ mit sich bringen? Wo höre ich heute die Stimme des Herrn? Wo begegne ich ihm heute? Wo ereignet sich bei mir das Evangelium heute?«

Heute ist euch der Retter geboren

Lukasevangelium Kapitel 2, Vers 1–10

»In jenen Tagen erließ Kaiser Augustus den Befehl, alle Bewohner des Reiches in Steuerlisten einzutragen. Dies geschah zum ersten Mal; damals war Quirinius Statthalter von Syrien.

Da ging jeder in seine Stadt, um sich eintragen zu lassen. So zog auch Josef von der Stadt Nazaret in Galiläa hinauf nach Judäa in die Stadt Davids, die Betlehem heißt; denn er war aus dem Haus und Geschlecht Davids. Er wollte sich eintragen lassen mit Maria, seiner Verlobten, die ein Kind erwartete. Als sie dort waren, kam für Maria die Zeit ihrer Niederkunft, und sie gebar ihren Sohn, den Erstgeborenen. Sie wickelte ihn in Windeln und legte ihn in eine Krippe, weil in der Herberge kein Platz für sie war. In jener Gegend lagerten Hirten auf freiem Feld und hielten Nachtwache bei ihrer Herde. Da trat der Engel des Herrn zu ihnen und der Glanz des Herrn umstrahlte sie. Sie fürchteten sich sehr, der Engel aber sagte zu ihnen: Fürchtet euch nicht, denn ich verkünde euch eine große Freude, die dem ganzen Volk zuteil werden soll: Heute ist euch in der Stadt Davids der Retter geboren; er ist der Messias, der Herr. Und das soll euch als

Zeichen dienen: Ihr werdet ein Kind finden, das, in Windeln gewickelt, in einer Krippe liegt. Und plötzlich war bei dem Engel ein großes himmlisches Heer, das Gott lobte und sprach: Verherrlicht ist Gott in der Höhe und auf Erden ist Friede / bei den Menschen seiner Gnade. Als die Engel sie verlassen hatten und in den Himmel zurückgekehrt waren, sagten die Hirten zueinander: Kommt, wir gehen nach Betlehem, um das Ereignis zu sehen, das uns der Herr verkünden ließ. So eilten sie hin und fanden Maria und Josef und das Kind, das in der Krippe lag. Als sie es sahen, erzählten sie, was ihnen über dieses Kind gesagt worden war. Und alle, die es hörten, staunten über die Worte der Hirten. Maria aber bewahrte alles, was geschehen war, in ihrem Herzen und dachte darüber nach. Die Hirten kehrten zurück, rühmten Gott und priesen ihn für das, was sie gehört und gesehen hatten; denn alles war so gewesen, wie es ihnen gesagt worden war.«

Heute da sein

Am Heiligen Abend sind die Gottesdienste sehr gut besucht, ja oft überfüllt, sodass man kaum Platz findet. Manche von den treuen Christen, die Sonntag für Sonntag kommen, ärgert dies, weil ihnen Fremde die gewohnten Plätze wegnehmen und sie woanders sitzen oder gar stehen müssen. Das ist menschlich nachvollziehbar. Sollten nicht doch Platzkarten vergeben werden, wie vor einigen Jahren ein Politiker vorschlug, damit die treuen Kirchgänger auch einmal belohnt werden? Mich interessiert in diesem Zusammenhang zunächst die Frage: Was bewegt die sogenannten Fernstehenden, gerade an Weihnachten zum Gottesdienst zu kommen? Ist es die gute Gewohnheit und die Familientradition, dass man am Heiligen Abend einfach zur Kirche geht? Bewegt das schöne romantische Gefühl, das die kalte Nacht, der Christbaum mit den Sternen und Lichtern, die alten Lieder, der wohl vertraute Text der Weihnachtsgeschichte vom Kind in der Krippe vermitteln? Ist es der Wunsch, an diesem Abend nicht allein zu sein, oder die Angst vor der Einsamkeit, sodass ich zur Kirche gehe? Motiviert die Sehnsucht nach Harmonie, nach einem tieferen Sinn, nach einem guten Wort, nach einer emotionalen Berührung? Es wird viele Motive geben, am Heiligen Abend zum Gottesdienst zu kommen. Dabei steht fest: Sehr viele von den Gottesdienstbesuchern sind an anderen Tagen des Jahres nicht in der Kirche zu finden, sodass sie häufig als Fernstehende oder Außenseiter bezeichnet werden. Das klingt selbstredend etwas abwertend. Letztlich begegnen sich an Weihnachten sogenannte Insider und Outsider. Das aber gehört von Anfang an zum

Ursprung dieses Festes, wie es das Lukasevangelium verdeutlicht. Hier wird die Weihnachtsbotschaft zunächst Außenseitern verkündet. Weder die Priesterklasse im Jerusalemer Tempel noch die Schriftgelehrten und Pharisäer sind die ersten Adressaten, sondern Hirten, die auf freiem Feld ihre Herden hüten. Das ist interessant und auffallend. In der damaligen Gesellschaft galten Hirten als Randexistenzen. Sie leben außerhalb der Städte, häufig zwischen fruchtbarem Land und karger Wüste an den Grenzen der Zivilisation. Selbstredend waren sie auch im übertragenen Sinn Grenzgänger. Von ihnen sagt man, dass sie so manches Schaf, das ihnen von ihrem Herrn anvertraut ist, zu eigenen Zwecken verschwinden lassen, um es für sich selbst zu schlachten. Zur Zeit Jesu gibt man sich mit Hirten, das heißt mit solchen »Halbkriminellen«, besser nicht ab. Sie sind Außenseiter, die eindeutig der sozialen Unterschicht angehören. Doch gerade auf diese Randexistenzen lässt sich der Engel des Herrn ein. Gott lässt sich also ein. Ihr Schicksal ist ihm nicht gleichgültig. Diesen Fernstehenden tritt er nahe und umstrahlt sie mit seinem Glanz. Ihre Wirklichkeit interessiert Gott im wahrsten Sinn des Wortes. Das lateinische Wort »Interesse« meint ja wortwörtlich übertragen »da-zwischen-sein«, »dabei-sein«. Zu ihnen kommt Gott und will bei ihnen sein. Ihre Ängste und Befürchtungen nimmt Gott ernst, wenn der Engel ihnen beruhigend zuspricht: »Fürchtet euch nicht!« Damit verkündet uns der Evangelist Lukas eine hoffnungsvolle, aber auch eine fragwürdige Botschaft.

mit grenzenloser Sehnsucht

An Weihnachten rücken die Ränder in die Mitte des göttlichen Interesses. Wer wie die Hirten am Rand steht, wer ein Außenseiter und Grenzgänger ist, dem will Gott besonders nahekommen. Seine Sehnsucht nach dem Menschen ist offensichtlich grenzenlos. Gerade Fernstehende sucht er auf mit seinem Glanz. Damit wird deutlich, dass Gott offensichtlich eine andere Perspektive als wir Menschen hat. Er definiert die Ränder und das Zentrum neu. Dies ist selbstredend eine Infragestellung der scheinbaren Mitte und damit aller, die sich für diese halten. Vielleicht ist es daher gar nicht so schlecht, wenn im Weihnachtsgottesdienst die alteingesessenen Gemeindemitglieder einmal von ihren angestammten Plätzen verdrängt werden. Vielleicht hat es diese ärgerliche Neupositionierung schon längst gebraucht. Diese zwangsläufige Verschiebung könnte zu einem fruchtbaren Lernprozess und einer neuen Verortung führen. Um es etwas überspitzt zu formulieren: Christsein ist eben nicht »Sitzung«, sondern »Bewegung«. Hirten sind jedenfalls nicht sesshaft, sondern mit ihren Herden tagtäglich unterwegs. Das können wir von ihnen lernen. Im Bild gesprochen braucht es immer wieder den Aufbruch, der nach neuen Weiden sucht. Dabei gilt auch uns in aller Unsicherheit, die die Suche nach einem neuen Platz auslöst, das Engelswort: »Fürchtet euch nicht!« Jedenfalls sollten wir im Blick auf das Weihnachtsevangelium vorsichtiger mit unserem Urteil sein, wenn wir von Kerngemeinde und Fernstehenden, von Insidern und Außenseitern sprechen. Gott lässt sich auf Randexistenzen ein und nimmt ihre Lebenswirklichkeit ernst. Auch für sie wird er Mensch. Das ist ein Grundmotiv des Evangelisten Lukas, dass Gott die Außenseiter und Ausgeschlossenen sucht. Seine Sehnsucht kennt keine Grenzen. Ohne Berührungsängste begegnet Jesus Sündern, Zöllnern, Armen und Frauen. Ihnen kommt er nahe und versucht sie dort abzuholen, wo sie stehen. Mich erinnert dieser Gedanke an eine Begebenheit in meinen ersten Jahren als Seelsorger. Nach meiner Priesterweihe wurde ich Kaplan in Machtlfing, einem kleinen Bauerndorf in der Nähe von Andechs, also vom Kloster aus betrachtet eher am Rand. Als frischgebackener Doktor der Theologie versuchte ich, mit wohl gewählten Worten und hohem theologischem Anspruch meinen Predigten einen besonderen Schliff zu geben. Nach solch einem Gottesdienst kam einmal ein gestandener Landwirt auf mich zu und merkte an: »Pater Johannes, Sie müssen so predigen, dass wir es verstehen, denn der Herr Jesus war einer von uns!« Damit hat dieser Mann den Sinn des Evangeliums auf den Punkt gebracht. Dies bewegt mich seither nachhaltig. »Der Herr Jesus ist einer von uns!« Das ist es, was den Hirten auf den Feldern Betlehems verkündet wird und was sie erleben. Gott ist nicht abgehoben, unverständlich mit fremder Sprache, sondern er ist einer von uns. Er ist ein einfacher Mensch, mit dem Land, mit der Erde verbunden. Er ist uns nahe in seinen Bildern und Gleichnissen, wenn er etwa vom Wachstum der Saat oder vom Unkraut im Acker spricht, sodass wir ihn verstehen können. In seiner Sehnsucht, uns Menschen unmittelbar zu begegnen, überwindet Gott alles, was ihn von uns Menschen abgrenzt. Er begibt sich hinein in unsere Lebenswirklichkeit und ist mit dieser vertraut, mit all dem, was uns freut, aber auch mit all dem, was uns Sorgen bereitet. So wird das Wort verständlich, das Augustinus (354-430) zugeschrieben wird: Die Sehnsucht Gottes ist der Mensch! Gott ist einer von uns, das bedeutet konkret für die Hirten: Er ist ein Hirte wie wir. Das allerdings ist eine urbiblische Botschaft, die viele Texte des Alten Testaments beinhaltet. Gott ist selbst der Hirte seines Volkes, so verkündet es der Prophet Ezechiel (vgl. Ez 34). Er ist der Schäfer, der seine Herde beschützt und für sie nach fruchtbaren Weiden sucht (vgl. Ps 23). Wie sich ein Hirte um seine Schafe, wie Eltern sich um ihre Kinder kümmern, so kümmert sich Gott um sein Volk. Denn Israel, dieses kleine, unbedeutende Hirtenvolk ist sein Volk. Trotz aller Unterdrückung, trotz aller Fremdherrschaft, trotz mancher Entfremdung, trotz der Randexistenz: »Fürchtet euch nicht, denn ich verkünde euch eine große Freude! Ich bin einer von euch, ein Hirte wie ihr!« Das ist die befreiende Botschaft, die dem ganzen Volk zuteilwerden soll. Diese Verkündigung, dass Gott der Hirte seines Volkes ist, hat politische Brisanz und stellt andere Machtansprüche in Frage. Dabei fällt auf, dass sich diese Botschaft nicht in den damaligen Machtzentren verheutigt, weder in Rom noch in Jerusalem, sondern in der Stadt Davids. Am Rande Betlehems, einem unbedeutenden Ort in einer der entlegenen Grenzregionen des römischen Weltreiches. Also am äußersten Rand kommt Gott als Mensch zur Welt. Er wird nicht geboren als Kind einer herrschenden Dynastie im Palast der Hauptstadt, sondern als Sohn armer Leute, für die in der Herberge kein Platz ist. Er qualifiziert sich nicht durch Studium und elitäre Ausbildung für seine spätere Aufgabe, sondern er teilt das Leben einer ganz normalen Handwerkerfamilie. Auch im späteren

Lebensverlauf Jesu wird dies deutlich. Für seine Botschaft sucht Gott nicht den gängigen Weg der Macht, indem der Thronanwärter in der Hauptstadt Koalitionen schmiedet, durch Lobbyarbeit einflussreiche Kreise für sich gewinnt oder durch charmantes Auftreten Sponsoren akquiriert. Alle scheinbar wichtigen Gebaren der Machtzentren werden mit der Geburt Jesu am Ortsrand von Betlehem an den Rand gedrängt. Für Gottes Frohe Botschaft sind sie unbrauchbar und bedeutungslos. Indem der Hirte des Volkes den Weg der Armut und Ohnmacht wählt, kommt es zu einer Umkehrung der Werte. Daher kann nach dem Lukasevangelium Maria in ihrem Lobgesang über ihr Kind jubeln: »Er stürzt die Mächtigen vom Thron und erhöht die Niedrigen« (Lk 1,52)! Für Gott sind die Machtlosen und Schwachen wichtig. Diese rücken in den Mittelpunkt seines Interesses. Diese Botschaft aber fordert auch uns zur selbstkritischen Prüfung auf. Trauen wir Gott auch in unserer Zeit zu, dass es um ganz neue Wege geht, um bei uns zur Welt zu kommen, indem er selbst an die Ränder geht, indem er die Ohnmächtigen und Schwachen in die Mitte rückt, wie beispielsweise Arbeitslose, Asylbewerber, Flüchtlinge, psychisch Kranke oder Sozialhilfeempfänger? Im Lukasevangelium jedenfalls und das heißt alljährlich zu Weihnachten werden die Hirten und mit ihnen alle Niedrigen erhöht. Diese können feststellen und bekennen: Der Herr Jesus ist einer von uns! Vielleicht macht es doch Sinn, mit den Hirten zu gehen, um das Kind zu finden – heute! Sie könnten uns den verengten Blick weiten, wie Lukas immer wieder unterstreicht. Bei der Geburt Jesu erscheint der Engel Gottes nicht im Jerusalemer Tempel, dem institutionalisierten Ort der Gottesbegegnung. Das war zuvor geschehen, als er dem Priester Zacharias die Geburt seines Sohnes Johannes ankündigte. Im Gegensatz dazu begegnet er an Weihnachten Hirten auf freiem Feld. Damit weitet sich unser Blick. Jede Lebenswirklichkeit kann zum Ort der Gottesbegegnung werden. Das hatte schon Mose beim Hüten der Schafe in der Wüste erfahren, als ihm Gott aus dem brennenden Dornbusch zuspricht: »Der Ort, wo Du stehst, ist heiliger Boden« (Ex 3,5). Wenn nun der Engel den Hirten auf freiem Feld begegnet, also in ihren Alltag einbricht, dann kann auch unser Alltag zum Ort der Gottesbegegnung werden, unsere Wohnung, unser Arbeitsplatz, aber auch die Menschen, mit denen wir tagtäglich zusammen sind, die Herausforderungen des Alltags, die das Leben an uns richtet, und vieles andere mehr. Gott wird Mensch in unserem Alltag. Er begegnet uns dort, wo wir stehen. Jeder Ort kann heiliger Boden sein. Die Weihnachtsbotschaft ist somit Ermutigung, sensibel zu sein, für das, was in unserem Alltag geschieht. Nichts anderes meint Benedikt, wenn er bei der Aufnahme von neuen Brüdern darauf Wert legt, dass die Gemeinschaft genau prüfen soll, ob der Interessent wahrhaft Gott sucht (vgl. RB 58,7). Diese Haltung zeigt sich dann, wenn der Neue einerseits Eifer für den Gottesdienst hat. Andererseits soll er ein sensibler und offener Mensch sein, der bereit ist zu hören und auch in widrigen Umständen aushält. Das ganze Leben soll ein Ort der Gottesbegegnung sein. Überall kann vom Mönch Gott gesucht und gefunden werden. So legt Benedikt an anderer Stelle seinen Mitbrüdern ans Herz, dass alles, was sie tun, zur Verherrlichung Gottes geschieht (vgl. RB 57,9). Dies schreibt der Mönchsvater im Zusammenhang mit der Festlegung der Produktpreise. Es soll sich dabei keine Habgier einschleichen, sondern der Käufer soll sich fair behandelt fühlen und sich an seinem Erwerb freuen können. Das Geheimnis von Weihnachten kann also überall geschehen, besonders aber dann, wenn sich Menschen in Freude begegnen. Diese Botschaft der Menschwerdung fordert zur Weite auf. Sie weckt Sensibilität zum Beispiel für Menschen, die Gott in der freien Natur suchen und finden, in beglückenden Stunden menschlicher Begegnung, selbstredend auch im durchrungenen Kampf einer schweren Krankheit. Gott ist nicht nur im Tempel oder in einer Kirche zu finden, sondern Gott sucht das freie Feld, sucht den Lebensraum des Menschen. Dieser Gedanke kann leicht noch erweitert werden. In seiner unbegreiflichen Größe lässt sich Gott nicht einsperren in irgendwelche religiöse Räume. Er lässt sich nicht eindeutig festlegen in theologischen Lehren und Definitionen, so notwendig diese bei der Glaubensvermittlung auch sein mögen. Er lässt sich nicht definieren und begrenzen, weil er eben der Grenzenlose ist, der immer unsere Vorstellungen übersteigt und unsere Festlegungen durchbricht. In seiner grenzenlosen Sehnsucht nach dem Menschen benötigt er nicht das schützende Dach von Institutionen, so wichtig dieses für uns auch sein mag. Daher gilt es für uns, respektvoll und achtsam allen heutigen Suchbewegungen zu begegnen.

im nächtlichen Wachen

Gott kommt in der Nacht zu den Hirten, die von Berufs wegen sensibel wachen und aufmerksam ihre Herden behüten. Im Blick auf diese nächtlichen Wächter kommen mir Zeitgenossen in den Sinn, die von kirchenamtlicher Seite schnell in die esoterische Ecke abdrängt werden. Oft passen sie nicht in das institutionelle Schema, wenn sie sich beispielsweise für die Tiefe der Psyche interessieren. Andere wiederum suchen in fernöstlichen Meditationsmethoden Innerlichkeit und Einheit oder beobachten den Lauf der Sterne. Sie öffnen sich den Kräften der Natur und entdecken in ihnen den Ewigen. Wir könnten die Beispiele für solche suchenden Zeitgenossen beliebig fortsetzen. Als fragende Grenzgänger wird ihnen häufig das Christliche abgesprochen. Manches mag uns suspekt vorkommen. Einiges mag uns befremden, weil es dem Aberglauben nahe kommt, besonders dann, wenn es in ungute Abhängigkeiten führt. Und doch sind manche von ihnen wie die Hirten freie Menschen, die aus der Distanz manch schal und dunkel gewordener kirchlicher Praktiken für sich neue Wege suchen. In ihrer Sehnsucht nach Größerem und Ewigem bleiben sie offen für das göttliche Licht. Die Kirchengeschichte zeigt wiederholt, dass es gerade in dunklen Epochen durch solch wache Menschen zu kirchlichen und gesellschaftlichen Aufbrüchen kam. Namen von bedeutenden Heiligen wie Hildegard von Bingen (1098-1179), Teresa von Avila (1515-1582), Vinzenz von Paul (1581-1616), Johannes Bosco (1815-1888) und viele andere fallen mir ein. Im Urteil ihrer Zeitgenossen galten sie häufig als Grenzgänger, aber ihr Vorbild erhellt heute noch so manche Dunkelheit. Gott kommt zu Menschen, die in der Nacht Wache halten. Auch dieser Gedanke kann ausgeweitet werden. Viele Menschen warten mit großer Sehnsucht auf den Morgen. Das hat Aussagekraft für alle, die unter den Dunkelheiten ihrer Lebensgeschichte leiden. Ihre Nacht von Krankheiten und Leiden, ihre Angst vor den dunklen Seiten ihrer Biografie, ihre versteckten Brüche von Sünde und Schuld werden umstrahlt vom Glanz Gottes, umrahmt von seiner Herrlichkeit. An Weihnachten wird ihre Nacht zum Tag. Sie werden gleichsam ins rechte Licht gesetzt, indem ihnen der Engel mit seinem Glanz zuspricht: »Fürchtet euch nicht! Ich verkündige euch große Freude! Habt keine Angst vor euren Dunkelheiten. Mein Licht macht eure Finsternis hell!« (vgl. Psalm 18,7). In der Nacht von Weihnachten wird damit nicht eine peinliche Wirklichkeit gnadenlos ans Licht gezerrt und an den öffentlichen Pranger gestellt, wie wir es manchmal in den Medien erleben. Keiner der Hirten muss sich rechtfertigen oder wird bloßgestellt. So wie sie sind, werden sie angestrahlt und in Gottes Licht gehüllt. Im Wissen um unsere eigenen dunklen Stellen verpflichtet uns diese gnadenreiche Herrlichkeit des Herrn. Benedikt greift diesen Gedanken auf, wenn er dem Abt im Umgang mit Mitbrüdern, die sich verfehlt haben, folgendes ans Herz legt: »Immer gehe ihm Barmherzigkeit über strenges Gericht, damit er selbst Gleiches erfahre. Er hasse die Fehler, er liebe die Brüder« (RB 64,10-11). Eigens verweist der Mönchsvater noch darauf, dass der Abt stets mit der eigenen Gebrechlichkeit rechnen soll (RB 64,13). Diesen behutsamen Umgang mit den Schattenseiten ihres Lebens erfahren die Hirten, deren Nacht von Gottes Licht erhellt wird. »Fürchtet euch nicht!« Inmitten aller Gnadenlosigkeit, die häufig unser Leben prägt, ist Weihnachten ein gnadenreiches Fest, an dem große Freude verkündet wird. Denn unsere Nacht wird durch Gottes Licht und Herrlichkeit zur geweihten Nacht, zur Weihnacht. Das ist der Inhalt der Frohen Botschaft, die der Engel den Hirten verkündet. »Evangelizomai« steht im griechischen Urtext, das sich wortwörtlich übersetzen lässt als: »Ich frohbotschafte euch!« »Evangelium« war im antiken römischen Kaiserkult ein zentraler politischer Begriff. So wurden zum Beispiel der Geburtstag oder die Thronbesteigung des regierenden Kaisers, auch seine Vergöttlichung als »Euangelion« – als »Evangelium« im ganzen Reich verkündet und gefeiert. Wenn nun die Evangelisten den Begriff »Evangelium« auf Jesus und sein Wirken übertragen, dann ist das einerseits ein klares Bekenntnis, andererseits aber auch eine weltweit geltende Proklamation: »Ich verkündige euch eine große Freude, die dem ganzen Volk zuteil werden soll: Heute ist euch in der Stadt Davids der Retter geboren, er ist der Messias, der Herr!« Welcher Anspruch wird hier formuliert! Das Kind in der Krippe ist der Retter und Herr, nicht der Kaiser in Rom, weder der König noch der Statthalter in Jerusalem oder sonst einer der Mächtigen dieser Erde. Zuvor berichtet der Evangelist Lukas davon, dass Kaiser Augustus eine Volkszählung durchführen lässt. Als Ausdruck seiner absoluten Macht soll gleichsam durch Inventarisierung, Planung und Kalkulation das Steuersystem optimiert werden. Keiner darf durch die Maschen der öffentlichen Kontrolle fallen. Für gläubige Juden musste die Volkszählung ein ungeheures Ärgernis gewesen sein, da nur Gott sein Volk zählen durfte (vgl. Num 1,26). Auch heute wird das Volk gezählt, nicht nur beim Zensus, sondern auch in der Kirche, etwa die Gottesdienstbesucher, die jährlichen Taufempfänger oder die Firmlinge, um entsprechende Statistiken zu erstellen. Und wie verräterisch ist die Frage, die manchmal an Gemeinden oder klösterliche Gemeinschaften gestellt wird: Wie viele seid ihr *noch*? Die Botschaft des Evangeliums dagegen ist eine andere. Letztlich geht es nicht um die Größe oder die Zahl, wie viele wir noch sind. Seitdem das Kind in der Krippe liegt, wackelt bildlich gesprochen der Kaiserthron und alle Ausdrucksformen von Macht. Machtgebaren, gestützt auf verlässliche Zahlen, greifen nicht mehr – damals wie heute! Dies schreibt der Evangelist Lukas ca. 80 nach Christus, als eben Kaiser Domitian sich als »Dominus et Deus« – »Herr und Gott« betiteln und feiern lässt. Auch hier hat der Begriff »Evangelium« aktuelle Brisanz. Nicht der Kaiser ist der Heilsbringer, auch wenn in der Geschichte der Menschheit immer wieder die Sehnsucht nach einem starken Mann oder einer charismatischen Persönlichkeit, die alles zum Guten richten wird, aufflammt. Das Kind ist Retter, Messias und Herr, so lautet das Weihnachtsevangelium. Wenn Jesus als Heilsbringer der Öffentlichkeit präsentiert wird, dann werden Titel und Statussymbole und damit auch so mancher religiöser Personenkult unserer Tage damit in Frage gestellt. Das freilich kann auch für uns entlastend wirken. Wenn das Kind in der Krippe der Retter der Welt ist, dann muss kein Mensch diese absolute Rolle mehr einnehmen und sich dadurch überfordern, auch wir nicht. Heute ist mir, der Randexistenz, in all meinen Dunkelheiten, in all meiner Ohnmacht der Retter geboren. Nicht ich bin der Erlöser, sondern er ist der Messias, der Herr. Das bedeutet: Wenn wir unser Leben an diesen Retter binden, wenn dieser Erlöser in unserem Leben da ist, dann können Menschen auch durch uns zum Leben befreit werden. Dann kann es Erlösung geben von all dem, was uns Menschen niederdrückt und belastet. Diese Botschaft wurde von Lukas geschrieben für eine verunsicherte Gemeinde am Ende des ersten Jahrhunderts. Heute gilt sie uns, mit all dem, was uns kirchlich und gesellschaftlich bewegt, was uns niederdrückt und Sorgen bereitet: »Heute ist euch der Retter geboren!« Dieser Gott kommt täglich zur Welt. Heute fängt neues Leben an. Wir brauchen die Welt nicht zu erlösen, denn sie ist schon erlöst. Sie wird heute erlöst und wir mit ihr, denn sein Licht leuchtet auch in all unseren Nächten.

durch kleine Anfänge

Das ist die große Freude, die verkündet wird. Das ist der Friede auf Erden, von dem der Engel spricht. Nicht die *Pax Augustana*, die lang anhaltende innere Friedenszeit, die Augustus erwirkt hat, ist letztlich entscheidend. Es ist der innere Friede im Herzen des Menschen, auf den es letztlich ankommt. Wenn Gott für mich der Retter ist, dann kann ich mich annehmen mit meinen Stärken, aber auch gerade mit meinen Schwächen und Fehlern. In diesem Glauben kann ich trotz mancher Friedlosigkeiten mit mir und anderen zum Frieden finden. Diese von Gott geschenkte Befriedung verändert den Menschen, wie es der hebräische Begriff »Schalom« zum Ausdruck bringt. Das geschieht immer dann, wenn ein Mensch zu sich zurückfindet, sich nicht selbst überfordert, indem er sich Gott gleichstellt und »Sein will wie Gott« (vgl. Gen 3,5). Wenn aber der Mensch Gott anerkennt als den Retter und Herrn, als seinen Schöpfer, dann braucht er sich selbst nicht mehr zu überhöhen. Er darf einfach Mensch sein, Geschöpf, von Gott gewollt und geliebt. Diese Sicht auf sich selbst, diese innere Harmonie und Zufriedenheit erleben die Hirten in der Begegnung mit den himmlischen Heerscharen. Sie bewegt sie innerlich und lässt sie aufbrechen: »Kommt, wir gehen nach Betlehem …« Betlehem lässt sich aus dem Hebräischen übersetzen als »Haus des Brotes«. Damit bekommt die Aufforderung der Hirten einen tieferen Sinn: »Kommt, wir gehen nach Brothausen! Kommt wir gehen zur Futterkrippe, in der für uns Nahrung liegt, in der wir das ›Lebens-Mittel‹ schlechthin finden.« Betlehem ist die Geburtsstadt Davids, wo dieser mit seinen Brüdern aufgewachsen ist und die Schafe seines Vaters Isai hütete. Als Jüngster, also als letzter in der Reihe der Brüder, wird er, der unbedeutende Hirtenjunge, von Gott erwählt und vom Propheten Samuel zum König gesalbt (vgl. 1 Sam 16). Der Kleinste, der vergessene Hirtenjunge, mit dem niemand gerechnet hat, kommt bei Gott groß raus. Er ist der Gesalbte des Herrn, der Messias. Selbstredend hat sich der junge David noch nicht für eine Führungsaufgabe qualifiziert, sondern muss zunächst abseits das Kleinvieh hüten. Doch dieser unscheinbare Hirtenjunge ist der Liebling Gottes, was der Name »David« im Deutschen bedeutet. Nach Betlehem zu gehen bedeutet, den Kleinen, das Unscheinbare zu suchen und in ihm den Geliebten und Gesalbten Gottes zu finden. Das ist das Kind, das in der Krippe liegt. Gott fängt wie jeder Mensch klein an, im Schwachen auf die Hilfe anderer angewiesen. Eingewickelt in die Windeln ist er ganz Mensch. Er solidarisiert sich mit allen, die in Einfachheit und Hilflosigkeit leben. Gott fängt klein an. Auch das ermutigt, wenn wir an uns selbst zweifeln: »Was kann ich schon tun und bewegen? Ich bin doch völlig bedeutungslos dem Kräftespiel der Mächte ausgeliefert!« Dem hält die Weihnachtsbotschaft entgegen, dass Gott das Kleine liebt und es wachsen lässt, sodass es groß herauskommt. Die Botschaft im Blick auf das Kind in der Krippe Betlehems lautet: »Fürchtet euch nicht, klein anzufangen! Alles hat seine Zeit und braucht seine Zeit zum! Wachsen! Habt keine Angst, mühsam gehen zu lernen! Fürchtet euch nicht, immer wieder aufstehen zu lernen, wenn ihr hinfallt! Habt keine Angst, Wort für Wort sprechen zu lernen! Fürchtet euch nicht, manche Fehler zu machen und daraus zu lernen! Bei all dem, was vor euch liegt, helfe ich euch. Wie ein guter Vater, wie eine liebende Mutter bin ich für euch da. Bei mir kommt das Kleine groß heraus!« Gott liebt vor allem das Kleine. Das bedeutet für mich: Ich darf sein Kind sein, das staunt, das ausprobiert und manchmal an die Grenzen geht. Ich darf sein Kind sein, das Freude hat am Spiel und sich in seine Phantasiewelt hineinträumt, das noch einfach denkt und manches falsch macht. Was für eine entlastende Botschaft ist dies für alle, die schon so sehr erwachsen sind und unter den Ansprüchen von überfordernder Perfektion leiden. Bei Gott bleiben wir Kinder, die ein Leben lang lernen und wachsen dürfen. Selbstredend erinnern die Gedanken vom Kindsein an die Szene im Evangelium, als unter den Jüngern die Frage aufkommt, wer von ihnen der Größte sei? Die Reaktion von Jesus auf diese Frage, die nichts an Aktualität verloren hat, ist interessant, wenn es heißt: »Jesus wusste, was in ihrem Herzen vorging.

Deshalb nahm er ein Kind, stellte es neben sich und sagte zu ihnen: Wer dieses Kind um meinetwillen aufnimmt, der nimmt mich auf; wer aber mich aufnimmt, der nimmt den auf, der mich gesandt hat. Denn wer unter euch allen der Kleinste ist, der ist groß (Lk 9,46-48).« Diese ganz andere Perspektive Gottes stellt letztlich die gängigen Kategorien, wie wir Größe in unserem Leben definieren, völlig auf den Kopf. Das erinnert an eine schöne Geschichte, die der jüdische Schriftsteller Manès Sperber (1905-1984) in seinem autobiografischen Werk Die Wasserträger Gottes erzählt: In seinem galizischen Heimatstädtchen, so schreibt Sperber, waren die Bewohner, die unter großer Armut litten, fest davon überzeugt, dass der Messias bald kommen würde, um sie von ihrer Not zu erlösen. Sein Großvater war damals oft vor dem Sonnenuntergang vom Abendessen aufgestanden und auf den angrenzenden Hügel vor der Stadt gestiegen, um nachzusehen, ob der Messias noch an diesem Tag kommen würde, erinnert sich der Autor. Den Kindern hatte man beigebracht auf Händen zu gehen und auf dem Kopf zu stehen, denn, so lautete die Begründung: »Wenn der Messias kommt, dann stellt er die Welt auf den Kopf!« Für Ungeübte wäre es dann schwer, die Welt zu verstehen. Daher wäre es gut, diese »messianische Gymnastik«, wie sie den Kopfstand nannten, früh genug einzuüben. Mir gefällt diese Geschichte sehr gut, da aus dem Blickwinkel des Kindes etwas Wesentliches ins Bild gebracht wird. Der Messias stellt die Welt auf den Kopf: Die Armen werden reich, die Hungernden werden beschenkt, die Niedrigen erhöht, wie es Maria besingt (vgl. Lk 1,46-55). Als Kind solidarisiert sich Gott mit allen Kleinen dieser Welt und stellt die Welt der Großen auf den Kopf. Diese Sehnsucht bewegt die Hirten. »Gott ist einer von uns! Kommt, wir gehen nach Betlehem!« So eilen und finden sie das Kind, so rühmen und preisen sie Gott und so kehren sie als Veränderte in ihren Alltag zurück, indem sie diese Frohe Botschaft weitererzählen. So werden die Hirten zu Engeln. »Angelos« ist im Griechischen der Bote, der für die Botschaft steht. Das dürfen auch wir sein, wenn wir mit den Hirten aufbrechen und uns auf den Inhalt dieser Botschaft einlassen. Heute sollen wir die Botschafter sein für einen Gott, der mit grenzenloser Sehnsucht an die Ränder geht, der die Mächtigen in Frage stellt, weil er sich nicht eingrenzen lässt, der klein anfängt und das Kleine liebt und der unsere Perspektiven des Geltenwollens radikal verändern will. Das erzählen die Hirten, sodass andere ins Staunen kommen. Freilich mag uns im Blick auf die Weihnachtsbotschaft manches unbegreiflich bleiben, da der Grenzenlose immer unser Verstehensvermögen übersteigt. Von Maria heißt es, dass sie alles, was geschehen war, in ihrem Herzen bewahrte und darüber nachdachte. Im Griechischen steht das Wort »symballousein«, das übersetzt »zusammenfügen« heißt. Wir dürfen die Geschichte Gottes mit uns Menschen zusammentragen, seine Vielfalt in der je eigenen Berufungsgeschichte mit ihren unterschiedlichen Lebensphasen entdecken. Wir dürfen uns all dies zu Herzen nehmen und uns innerlich davon berühren lassen, indem wir angerührt werden, ohne alles sofort verstehen zu müssen. Im herzlichen Bewahren und Bedenken dieser Botschaft wird Gott langsam in uns Mensch, ereignet sich das Evangelium in unseren Herzen und darüber hinaus: »Christ der Retter ist da – heute!«

Benediktinische Verheutigung

Die Gastfreundschaft ist uns Benediktinern ins Stammbuch geschrieben. Ihre Pflege ist uns hoch und heilig. Letztlich hängt dies mit dem Weihnachtsevangelium zusammen. Wenn Gott Mensch wird, dann will er Mensch mit und durch uns werden. Es liegt an uns, ob wir ihn bei uns aufnehmen und ihm Herberge geben. Die Menschwerdung Gottes aber ist nicht ein Ereignis, das nun einmal vor ca. 2000 Jahren einmalig stattgefunden hat. Sie ereignet sich täglich neu. Das ist das bleibende Geheimnis von Weihnachten. »Heute wird uns der Retter geboren.« Dies geschieht in jedem Fremden, den wir in unser Haus aufnehmen. Das ist die Überzeugung Benedikts. So lohnt es sich, die Gedanken der Gastfreundschaft, so wie sie Benedikt in seiner Regel formuliert, zu verheutigen. Gastfreundschaft ist ein weihnachtliches Kapitel, das zum »Menschsein im Heute« motiviert.

Die Aufnahme der Gäste

Benediktsregel (RB) Kapitel 53, Vers 1–15

»Alle Fremden, die kommen, sollen aufgenommen werden wie Christus; denn er wird sagen: ›Ich war fremd, und ihr habt mich aufgenommen.‹ Allen erweise man die angemessene Ehre, besonders den Brüdern im Glauben und den Pilgern. Sobald ein Gast gemeldet wird, sollen ihm daher der Obere und die Brüder voll dienstbereiter Liebe entgegeneilen. (…) Allen Gästen begegne man bei der Begrüßung und beim Abschied in tiefer Demut: man verneige sich, werfe sich ganz zu Boden und verehre so in ihnen Christus, der in Wahrheit aufgenommen wird. Hat man die Gäste aufgenommen, nehme man sie mit zum Gebet; dann setze sich der Obere zu ihnen oder ein Bruder, dem er es aufträgt. Man lese dem Gast die Weisungen Gottes vor, um ihn im Glauben zu erbauen; dann nehme man sich mit aller Aufmerksamkeit (humanitas – Menschlichkeit) gastfreundlich seiner an. Das Fasten breche der Obere dem Gast zuliebe, nur nicht an einem allgemein vorgeschriebenen Fasttag, der eingehalten werden muss. Die Brüder aber fasten wie gewohnt. Der Abt gieße den Gästen Wasser über die Hände; Abt und Brüder zusammen sollen allen Gästen die Füße waschen. Nach der Fußwaschung beten sie den Psalmvers: ›Wir haben, o Gott, deine Barmherzigkeit aufgenommen inmitten deines Tempels.‹ Vor allem bei der Aufnahme von Armen und Fremden zeige man Eifer und Sorge, denn besonders in ihnen wird Christus aufgenommen. Das Auftreten der Reichen verschafft sich ja von selbst Beachtung.«

Heute hat sich das Schriftwort erfüllt

Lukasevangelium Kapitel 4, Vers 14-30

»Jesus kehrte, erfüllt von der Kraft des Geistes, nach Galiläa zurück. Und die Kunde von ihm verbreitete sich in der ganzen Gegend. Er lehrte in den Synagogen und wurde von allen gepriesen. So kam er auch nach Nazaret, wo er aufgewachsen war, und ging, wie gewohnt, am Sabbat in die Synagoge. Als er aufstand, um aus der Schrift vorzulesen, reichte man ihm das Buch des Propheten Jesaja. Er schlug das Buch auf und fand die Stelle, wo es heißt:

Der Geist des Herrn ruht auf mir; denn der Herr hat mich gesalbt. Er hat mich gesandt, damit ich den Armen eine gute Nachricht bringe; damit ich den Gefangenen die Entlassung verkünde und den Blinden das Augenlicht; damit ich die Zerschlagenen in Freiheit setze und ein Gnadenjahr des Herrn ausrufe. Dann schloss er das Buch, gab es dem Synagogendiener und setzte sich. Die Augen aller in der Synagoge waren auf ihn gerichtet. Da begann er, ihnen darzulegen: Heute hat sich das Schriftwort, das ihr eben gehört habt, erfüllt. Seine Rede fand bei allen Beifall; sie staunten darüber, wie begnadet er redete, und sagten: Ist das nicht der Sohn Josefs? Da entgegnete er ihnen:

Sicher werdet ihr mir das Sprichwort vorhalten: Arzt, heile dich selbst! Wenn du in Kafarnaum so große Dinge getan hast, wie wir gehört haben, dann tu sie auch hier in deiner Heimat! Und er setzte hinzu: Amen, das sage ich euch: Kein Prophet wird in seiner Heimat anerkannt. Wahrhaftig, das sage ich euch: In Israel gab es viele Witwen in den Tagen des Elija, als der Himmel für drei Jahre und sechs Monate verschlossen war und eine große Hungersnot über das ganze Land kam. Aber zu keiner von ihnen wurde Elija gesandt, nur zu einer Witwe in Sarepta bei Sidon. Und viele Aussätzige gab es in Israel zur Zeit des Propheten Elischa. Aber keiner von ihnen wurde geheilt, nur der Syrer Naaman.

Als die Leute in der Synagoge das hörten, gerieten sie alle in Wut. Sie sprangen auf und trieben Jesus zur Stadt hinaus; sie brachten ihn an den Abhang des Berges, auf dem ihre Stadt erbaut war, und wollten ihn hinabstürzen. Er aber schritt mitten durch die Menge hindurch und ging weg.«

Heute erfüllt sein

Dahoam is dahoam, so lautet der Titel einer Fernsehserie, die schon seit einigen Jahren im Bayerischen Fernsehen gesendet wird und bei vielen Zuschauern sehr beliebt ist. Der Name erinnert an eine bayerische Redewendung. Diese bringt eine Erfahrung zum Ausdruck, die wir wahrscheinlich alle kennen. Zwar gibt es weltweit viele schöne Orte, die wir voll Neugier bereisen und entdecken können, doch die Heimat behält dabei stets einen besonderen Stellenwert. Sie steht für ein vertrautes Gefühl von Geborgenheit, Sicherheit, Zugehörigkeit und Identität. Auch wenn unser Urlaub abwechslungsreich und schön war, sodass wir vieles Beeindruckende erleben und Neues entdecken durften, stellen wir oft nach der Rückkehr fest: »Es war schön, unterwegs gewesen zu sein, aber daheim ist daheim!« Die Redewendung verdeutlicht, wie wichtig Heimat für uns ist. Es ist gut, Orte zu haben, an denen wir ohne zu fremdeln zu Hause sind und uns rundum wohl und sicher fühlen. Daheim können wir sein, wie wir sind. Hier müssen wir uns nicht verstellen. Freilich weckt der Begriff »Heimat« bei manchen negative Gefühle. Heimat kann für enge Traditionen und Konventionen stehen, für eine unveränderbare Prägung der Biografie, für streng geordnete Lebensverhältnisse. Heimat kann überkommene Strukturen bedeuten, aus denen wir nicht so leicht ausbrechen können. Heimat zeigt sich bisweilen als kleine Welt, die keine Luft mehr zum Atmen lässt. So kann das Heimkommen zu den Eltern, in die Familie oder in den Heimatort einengen, weil man daheim immer das Kind bleibt, das man einmal war. Auch wenn wir uns in der Ferne grundlegend verändert haben, bleiben wir zu Hause festgelegt auf das, was wir einmal waren. Weiterentwicklung und Veränderung ist oft schwierig. Entweder passt man ins Schema, oder es kommt unweigerlich zur Konfrontation und zum Konflikt, denn: Daheim ist daheim! Diese Doppeldeutigkeit des Heimatbegriffs schwingt mit, wenn Jesus nach Nazaret heimkommt in die Stadt, in der er aufgewachsen ist. Es ist der vertraute Wohnort seiner Eltern Maria und Josef. Hier hat bei Lukas die Geschichte mit Jesus begonnen, als der Engel Gabriel seiner Mutter Maria verkündete, dass sie ein Kind vom Heiligen Geist bekommen werde (vgl. Lk 1,26 ff.).

mit geistreicher Tradition

Jesus kommt als erwachsener Mann nach Hause. Zuvor wurde ihm bei seiner Taufe im Jordan zugesprochen: »Du bist mein geliebter Sohn, an dem ich Gefallen gefunden habe.« Danach hatte Jesus die Versuchungen der Wüste bestanden. Die Wüste ist ein Bild für den lebensfeindlichen Ort schlechthin. Hier ist der Mensch ganz auf sich selbst gestellt. Dabei heißt es, sich im Überlebenskampf zu bewähren und manche Anfechtung auszuhalten. Wer in der Wüste war, der hat sich die Frage nach dem Sinn des Lebens gestellt. Er hat sich tief mit sich selbst beschäftigt und kehrt mit anderen Eindrücken in die Zivilisation zurück. Wer in der Wüste war, ist ein anderer geworden. Als solcher kommt Jesus zurück in seine Heimatstadt Nazaret, erfüllt vom Heiligen Geist, wie es der Evangelist Lukas eigens erwähnt. Dieser Hinweis ist wichtig. Mit dem Geist Gottes hatte alles in Nazaret begonnen, als sich Maria seinem Wirken öffnete und schwanger wurde (vgl. Lk 1,26-38). Sie ist guter Hoffnung, wie wir etwas antiquiert feststellen. Analog steht das Wirken des Geistes auch am Anfang des zweiten Werkes, das Lukas neben seinem Evangelium verfasst. Zu Beginn der Apostelgeschichte berichtet er, wie am Pfingsttag die verängstige Jüngergemeinde durch die Herabkunft des Geistes neu gestärkt wird (vgl. Apg. 2,1 ff). Sie werden Begeisterte und brechen auf – wie Maria auch guter Hoffnung. Damit verdeutlicht der Evangelist, dass jedes christliche Leben mit dem Wirken des Heiligen Geistes beginnt, wie es die beiden kirchlichen Aufnahmesakramente der Taufe und Firmung zum Ausdruck bringen. An Maria und den Aposteln wird deutlich, dass die Gegenwart des Geistes zu grundlegender Veränderung, Öffnung und Aufbruch führt, sodass Festgefügtes in Frage gestellt wird. Gottes Geist bewegt und inspiriert, stärkt und begeistert. Durch ihn will Neues entstehen. Menschen sind guter Hoffnung. Das wiederum bedeutet Konfrontation und Konflikt, Entscheidung und Entschiedenheit. All das gilt es zu bedenken, wenn es bei Lukas heißt, dass Jesus erfüllt vom Heiligen Geist, also geistreich nach Nazaret heimkommt. Oft frage ich mich: Bin auch ich als Getaufter und Gefirmter vom Geist erfüllt? Wahrscheinlich sind wir häufig von vielen anderen Dingen besetzt bzw. mit ihnen beschäftigt, sodass dem Geist wenig Raum bleibt. Vielleicht gilt es, wie Jesus, zunächst die Tiefe des Jordangrabens und die Einsamkeit der Wüste zu suchen, um leer und frei zu werden, bevor wir öffentlich auftreten. Vielleicht braucht auch die Kirche zunächst den Abstand von der gewohnten Heimat, um ganz offen zu werden für das Wirken des Geistes. Vielleicht müssen wir das schützende Nest zunächst verlassen, um so wirklich andere zu werden, die etwas bewegen können. Eigentlich ist das die Bewegung des frühen Mönchtums, wenn Frauen und Männer die Einsamkeit der Wüste aufsuchten, um sich dort innerlich zu sammeln. Nur im Lukasevangelium beginnt Jesus das öffentliche Wirken in seiner Heimatstadt Nazaret. Nazaret steht hier für die Traditionen seines Volkes und seiner Religion. Nazaret steht für alles, was Jesus von Kindertagen an vertraut ist und ihn geprägt hat. Hier ist er aufgewachsen und hineingewachsen in den Glauben seines Volkes. Nazaret ist seine Heimat und steht stellvertretend für ganz Israel. Ganz der guten Gewohnheit entsprechend geht Jesus, wie es sich als frommer Jude gehört, am Sabbat zum Gottesdienst in die Synagoge. Hier zeigt sich übrigens ein Leitgedanke des Evangelisten Lukas. Auch die Apostel werden ihre Missionstätigkeit stets in den Synagogen beginnen. Der Ausgangspunkt ist der vertraute Glaube mit seinen Riten und Traditionen. Das sollten auch wir nicht unterschätzen bei all dem, was uns an Neuem begegnet und fasziniert. Zunächst dürfen wir dankbar sein für das feste Fundament des Glaubens, das uns trägt und stützt. Wir dürfen dankbar sein, dass wir wie Jesus zu dem, was unsere Eltern, Lehrer, Seelsorger und Wegbegleiter in uns an Gutem als Glaubensfundament zugrundegelegt haben, stets zurückkehren können. Ebenso dürfen wir dankbar sein für das überlieferte Glaubensgut der Kirche, das einem Halt, Orientierung und Sicherheit gibt. Auf dieser Grundlage kann der eigene Glaube wachsen und sich weiter entwickeln. Aus diesen Wurzeln kann Neues entstehen und sich entfalten. In der Synagoge von Nazaret wird Jesus die Heilige Schrift zur Lesung gereicht. Er rollt sie aus.

Er beginnt daraus vorzulesen und die Stelle zu interpretieren. Es wird deutlich, dass Jesus im Wort Gottes verwurzelt und sozusagen in diesem zu Hause ist. Wiederum ist das ein Hinweis für uns Christen heute. Auch uns ist die Heilige Schrift in die Hände gelegt. Wie eine Schriftrolle gilt es, sie in unserem Leben aufzurollen, oder sie wie ein Pergament zu entfalten, sodass sie heute bei uns mit Leben erfüllt wird. In diesem Zusammenhang darf die Christenheit den Kirchen der Reformation sehr dankbar sein. Sie haben im Blick auf die Autorität der Heiligen Schrift manche unguten Entwicklungen der Tradition in Frage gestellt und damit aufgezeigt, dass sich jede Tradition aus dem Wort Gottes heraus begründen muss. Diese Vergegenwärtigung des Geschriebenen kann selbstredend zu Konflikten führen, wie uns die Geschichte der Kirche veranschaulicht. Auch Jesus stellt sich in der Synagoge seiner Heimatstadt dieser Auseinandersetzung. Es geht ihm darum, das Wort Gottes zu verheutigen und dieses geistreich in die Welt der Hörer zu übersetzen.

durch geschenkte Barmherzigkeit

Beim Entrollen der Tora findet Jesus eine Stelle aus dem Propheten Jesaja. Dessen Name bedeutet: »Gott hilft, Gott heilt!« Als Prophet der Exilszeit im 8. Jahrhundert vor Christus kündigen Jesaja und seine Schüler dem Volk die Heimführung an. Dabei findet der Prophet starke sozialkritische Worte. »Der Geist des Herrn ruht auf mir, denn der Herr hat mich gesalbt!« Diese Worte überträgt nun Jesus auf sich. Er präsentiert sich seinen Landsleuten als jener Geistgesalbte, durch den Gott ihnen jetzt helfen will. Jesus nimmt für sich in Anspruch, der neue David zu sein, der verheißene Messias, der sein Volk heimführen wird. Mit dieser Geistsalbung ist der Auftrag verbunden, den Armen die Frohe Botschaft, also das Evangelium zu verkünden. Diese befreiende Kraft durften schon die Hirten in Betlehem erfahren. Auch fortan wird sich diese Heilsbotschaft wie ein roter Faden durch das Evangelium ziehen, wie die folgenden Kapitel zeigen werden. Als Gesalbter des Herrn wird Jesus den Gefangenen Entlassung verkünden. Das erlebt beispielsweise der Gelähmte, der auf seine Trage gefesselt ist und von Jesus aufgerichtet wird. Den Blinden wird das Augenlicht gebracht. Durch Jesus also sollen Menschen zu neuen Lebensperspektiven finden, wie es uns das Beispiel des Zöllners Zachäus veranschaulicht. Zerschlagene werden in die Freiheit gesetzt, wie es Jesus am Kreuz dem mitgekreuzigten Verbrecher zusprechen wird. All das gipfelt und bündelt sich schließlich in der Proklamation des Gnadenjahres. Die Idee des Erlassjahres, das alle 50 Jahre verkündet werden sollte, ist in der Tradition Israels ein ausgemacht revolutionärer Gedanke. In diesem Erlassjahr sollen jedem seine Schulden erlassen werden. Ferner verpflichtet das Gnadenjahr die Bevölkerung zu einer gerechten Umverteilung des Bodens, zur Aufhebung der Schuldsklaverei sowie zur Beendigung aller sozialen Gegensätze. Damit soll zum Ausdruck gebracht werden, dass das Volk Israel sein Land von Gott allein zur Verwaltung, nicht aber zum Eigentum anvertraut bekommen hat. Das Volk ist Pächter, Gott dagegen ist und bleibt Eigentümer (vgl. Lev 25,8-31). Weil Gott aber gerecht und barmherzig ist, soll es zugunsten der Besitzlosen und Verschuldeten in jeder Generation, also im Turnus von 50 Jahren, zum entlastenden Neuanfang kommen. Die von Gott geschenkte Heimat wird neu verteilt, sodass dadurch die Armen Gottes Barmherzigkeit und seine Gerechtigkeit erfahren. Um seine Ansprüche anmelden zu können, sollte daher jeder Israelit im Gnadenjahr in seine ursprüngliche Heimat zurückkehren, wie es Jesus ja auch tut. Verständlicherweise stieß diese geforderte Neuverteilung des Besitzes besonders bei den Begüterten und Reichen nicht auf große Gegenliebe, sodass das Gnadenjahr in der Geschichte Israels nicht durchgängig praktiziert wurde. Das wiederum motivierte den Propheten Jesaja zu verkünden, dass im Unterschied zu den derzeitigen Machthabern der endzeitliche Messias dieses Erlassjahr für die Armen durchsetzen wird. Der Gedanke des Gnadenjahres hat auch heute nichts an Provokation verloren. Die Idee der Neuverteilung von Besitz und des Neuanfangs weckt nach wie vor tiefe menschliche Sehnsüchte. Sie bedeutet für alle, in deren Leben etwas zu Bruch gegangen ist, die Chance zum entlastenden Neubeginn. Sie eröffnet neue Lebensperspektiven für jeden, der unter Schulden oder Fehlern der Vergangenheit leidet. Die Botschaft vom Gnadenjahr bringt Entlastung für alle, die sich nach einer Befreiung von verworrenen und verstrickten Lebenssituationen sehnen: »Endlich löst sich der Knoten!« Ebenso bleibt das Gnadenjahr provokant für all jene, denen es gut geht, die Güter angehäuft und sich Wohlstand geschaffen haben. Sie werden an ihre soziale Verantwortung gegenüber den Armen, Flüchtlingen und Obdachlosen unserer Zeit erinnert. Damit wird auch uns der Spiegel vorgehalten: Sind wir wirklich bereit zu teilen und einen gerechten Neuanfang zu wagen? Wo sind wir erlösungsbedürftig? Gemäß den Vorschriften der Tora kehrt Jesus zu Beginn des Gnadenjahres in seine Heimat zurück. Indem er das Wort des Propheten Jesaja auf sich überträgt, präsentiert er sich als Heilsbringer und Befreier. Dazu ist er gesalbt und gesandt worden: »Heute hat sich das Schriftwort, das ihr eben gehört habt, erfüllt.« Mit diesen prägnanten Worten ersetzt Jesus viele Predigten. Das Jesajazitat ist eine »Kurzformel seines Programms«, gleichsam sein Primizvers. Es ist Inhalt seines Lebens. Eigentlich könnten wir sinngemäß formulieren: »Das Schriftwort, das ihr in den Ohren habt, hat sich jetzt erfüllt.« Das Jesajazitat soll zum Ohrwurm werden, seine Landsleute nicht mehr loslassen und sie zur Tat drängen. Das gilt nicht nur den Besuchern der Synagoge damals in Nazaret, sondern ebenso jedem heute, der das Evangelium liest und es hört, der zu Jesus gehören will. Das Evangelium will sozusagen nach Hause kommen – heute bei jedem von uns! Wieder können wir feststellen, dass das Evangelium kein schöner historischer Bericht vergangener Zeiten ist. Es erfüllt sich immer neu im Heute, in unseren Ohren, in unseren Herzen und in unserem Tun. Damit behält das alte Gebot vom Gnadenjahr neue Gültigkeit und provokante Sprengkraft.

von befreiendem Mitgefühl

Die Reaktion in Nazaret ist zunächst begeisterter Beifall. Der Besuch zu Hause scheint für Jesus ein sogenanntes Heimspiel zu werden. Bestimmt schwingt auch ein wenig Stolz bei seinen Landsleuten mit nach dem Motto: »Einer von uns kann so faszinierend reden und verkündet ein solch beeindruckendes Programm!« Mit dem Stolz paart sich freilich eine fragende Skeptsis. Auch das kennen wir. Daheim ist eben daheim: »Woher hat er das alles, ist er nicht der Sohn des Josef?« Man ist mit ihm zu vertraut, sodass man ihm manches nicht zutraut. Zweifel und Vorurteile kommen auf: »Ein nicht studierter Zimmermann aus unseren Reihen hält solche Reden und beansprucht, der Messias zu sein?« Mit der Idee vom Anbruch des Gnadenjahrs stellt Jesus die bestehende Ordnung in Frage. Ängste und Unsicherheiten steigen bei den Bewohnern von Nazaret auf. Gerade bei Randexistenzen, die man lieber aus Nazaret draußen hält, könnte diese Botschaft Begehrlichkeiten wecken. Das könnte für sie als die etablierten Bürger unangenehm werden. Sie spüren, dass mit dem Anspruch Jesu all die, die in Nazaret keine Heimat mehr haben, gleichsam ins Innerste, in die Synagoge vorgedrungen sind. Verlustängste kommen bei den eingesessenen Bürgern auf, die sich mit Zorn und Wut vermengen: »Nur kein Gnadenjahr zu unserem Nachteil! Bei uns soll sich nichts verändern! Alles soll so bleiben, wie es war!« Ihr Besitz verhindert das Wunder der Landverteilung. Letztlich ist das verkündete Heilsjahr im Innersten Nazarets, im Herzen seiner Bewohner absolut unwillkommen. So geschieht es, dass die Stimmung kippt. Zugleich kommt gegenüber Jesus Misstrauen auf. »Woher nimmt er seine Legitimation? Ist er wirklich von Gott bevollmächtigt, gesalbt und gesandt, wie er es behauptet?« Mit einem Wunder soll Jesus seinen göttlichen Auftrag unter Beweis stellen, sonst glauben sie ihm nicht. Jesus aber wirkt in seiner Heimat kein spektakuläres Wunder. Vielmehr erinnert er mit den Propheten Elija und

Elischa daran, dass der Gott Israels immer schon Grenzen überschritten hat, um Menschen seine heilende Solidarität zu erweisen. Durch die Wunder dieser beiden bedeutenden Propheten Israels bleibt Gott eben nicht beschränkt auf sein Volk und dessen Heimat. Er wendet sich gleichzeitig den Heiden zu, also aus der Sicht Israels Randexistenzen. Und so kommt es auch durch Jesus zur Öffnung des Evangeliums für alle Völker. Die Botschaft, die Jesus in Nazaret verkündigt, ist eindeutig: Gott lässt sich nicht eingrenzen auf eine Personengruppe oder einen Ort. Er ist überall daheim, überall dort, wo Menschen sein Evangelium aufnehmen und danach leben, sich seiner Botschaft öffnen und bereit sind, neu anzufangen. Er ist dort daheim, wo Menschen von seinem Geist sich ergreifen lassen gleich welcher Nationalität, Kultur oder Rasse. Gott ist dort daheim, wo sich sein Wort im Leben eines Menschen erfüllt, indem er solidarisches Mitgefühl mit Notleidenden zeigt. Diese Botschaft vom Grenzen sprengenden Gott ist heute uns aufgegeben. Dazu sind wir getauft und gefirmt worden. Immer wieder gilt es zu fragen: »Wo ist heute Sarepta? Wer ist heute der Syrer?« Eigentlich dürfte es bei uns Christen keine Ausländer und Fremden geben. Wie beschämend ist es doch, wenn in unserem Land in der öffentlichen Diskussion Hilfesuchende als »Wirtschaftsflüchtlinge« abgestempelt werden und mit despektierlichen Begriffen wie »Sozialtourismus« und »Armutszuwanderung« Stimmung gemacht wird. Es stimmt nachdenklich, wenn wir selbstgerecht die Grenzen Europas geografisch definieren und dabei nicht bemerken, wie wir uns selbst von unseren christlichen Wurzeln abgrenzen und verabschieden, wenn sich bei Bootsflüchtlingen im Mittelmeer tödliche Katastrophen abspielen. Es lohnt sich, die Frage zu stellen: Was bedeutet es für uns, wenn Jesus heute bei uns in unserer Gesellschaft, aber auch in unserer Kirche das Gnadenjahr mit allen Konsequenzen ausruft? Sind wir bereit, solidarisch zu teilen? Wir spüren es: Diese Primizpredigt in der Synagoge von Nazaret birgt gefährlichen sozialen Sprengstoff. Selbstkritisch können wir in den Bewohnern von Nazaret auch jene ängstlichen Glaubenshüter unserer Tage wieder entdecken, denen es darum geht, das überkommene christliche Glaubensgut rein und unbeschmutzt weiterzugeben. Freilich geschieht das oft auf Kosten derer, die sich verschuldet und sich durch Brüche von der Glaubensgemeinschaft entfernt haben. Die Bewohner von Nazaret jedenfalls werden wütend und geraten außer sich. Sie explodieren gleichsam. Sie treiben Jesus zur Stadt hinaus. Mit einem solchen Menschen, der die gewohnten Verhältnisse in Frage stellt, wollen sie jedenfalls nichts zu tun haben: »Der ist nicht mehr einer von uns. Der hat hier keinen Platz mehr.« Diesen Störenfried gilt es, schnellstmöglich zu entsorgen und wie den Müll vom Abhang der Stadt hinab in die Schlucht zu kippen. So bringen sie ihn, der in ihren Augen die Grenze des Anstands überschritten hat, an den Rand der Stadt. Sie schieben ihn ab, bringen ihn weg aus ihrer Mitte und führen ihn zum Abgrund. Wie viele Propheten vor ihm, so drängen sie auch ihn ins Abseits. Nazaret ist in sich gefangen und taub für die befreiende Botschaft, weil diese ihre scheinbaren Sicherheiten, letztlich ihren Heimatbegriff in Frage stellt. Daheim soll alles beim Alten bleiben. Alles soll bleiben, wie es war. Am Abhang der Stadt tun sich Abgründe auf! Jesus lässt sich davon nicht beeindrucken. Souverän geht er mitten durch die

Menge hindurch. Er geht seinen Weg. Im Lukasevangelium kommt er nicht wieder nach Nazaret zurück, sondern er sucht die Heimatlosen in Galiläa auf, dem scheinbar heidnischen Land. Mit dieser Ablehnung in seiner Heimat Nazaret deutet sich bereits die Leidensgeschichte Jesu an. Die Verheutigung des Wortes Gottes und des Evangeliums ist niemals ein Kuschelkurs. Sie bedeutet Veränderung und Infragestellung der bestehenden Verhältnisse. Das Evangelium verheutigt sich in Schwächen und Wunden, in Defiziten und Brüchen, die das Leben von Menschen schmerzlich prägen. Unbeirrt schlägt Jesus seinen Weg ein, der ihn letztlich nach Jerusalem ans Kreuz führen wird und alles überwindend zum Neuanfang des Ostermorgens. Das bringt die Liturgie der Osternacht alljährlich sinnfällig zum Ausdruck. Zu Beginn der Feier wird am nächtlichen Feuer die Osterkerze vorbereitet. Neben dem Kreuz mit den Nägeln, die für die Wunden des Gekreuzigten stehen, werden die Buchstaben Alpha und Omega darauf gezeichnet sowie die Jahreszahlen des aktuellen Jahres. Dies hat eine tiefere Symbolik. Ein jedes Jahr ist Jahr des Herrn, das heißt ein Gnadenjahr. Auch unsere Zeit soll Heilszeit sein, in der ein Neuanfang möglich ist. Jesu Wunden sind die Zeichen der Solidarität mit den Wunden einer jeden Zeit, eines jeden Menschenlebens. Mit unseren Wunden und Verwundungen, mit unseren Brüchen und Fehlern haben wir Heimat bei dem, der in den Abgrund geworfen, gekreuzigt wurde und auferstanden ist. Durch seine Wunden sind wir geheilt (vgl. Jes 53,5). Jesu befreiende und heilende Botschaft ist für uns bleibender Auftrag. Sie verheutigt sich jedes Mal, wenn wir das Gnadenjahr zu unserem Lebensprogramm machen: »Heute hat sich dieses Schriftwort an mir erfüllt.« Das kann im Kleinen wie im Großen immer dann geschehen, wenn wir wie er solidarisches Mitgefühl zeigen mit den Wunden unserer Zeit: In der Aufmerksamkeit gegenüber einer alleinerziehenden Mutter, die in der Nachbarschaft lebt und für jede Unterstützung dankbar ist, im aufbauenden Wort für einen Bekannten, der eine berufliche Krise zu bewältigen hat, im sozialen oder politischen Engagement auf unterschiedlichsten Ebenen, um der Gerechtigkeit zu dienen. Wenn Menschen durch uns neu eine Heimat finden, dann ist österliche Heilszeit. Daher gilt es als Christen weder die Zeit zu verteufeln nach dem Motto: »Früher war alles besser!« Auch ist es unchristlich, über den Zeitgeist und die böse Welt zu schimpfen. Unsere Zeit und unsere Welt sind uns aufgegeben. Sie wird dann zur Heilszeit, wenn das Schriftwort vom Gnadenjahr sich durch uns erfüllt – heute!

Benediktinische Verheutigung

Das Doppelgebot der Gottes- und Nächstenliebe ist für uns Christen die Quintessenz der Lehre Christi. Benedikt beginnt mit diesem das längste Kapitel seiner Regel, in dem er seinen Mitbrüdern die »Werkzeuge der geistlichen Kunst« ans Herz legt (vgl RB 4). Mit den vielfältigen Hinweisen gibt der Mönchsvater konkrete Empfehlungen, wie das Doppelgebot der Liebe im täglichen Miteinander der klösterlichen Gemeinschaft praktiziert werden kann. Dadurch verheutigt sich gleichsam das von Jesus verkündete Gnadenjahr. Es erfüllt sich die Schrift konkret in dem, was wir heute tun und was wir lassen. Trotz aller leidvollen Abgründe menschlichen Versagens ereignet sich im Tun der Liebe Ostern. Dadurch wird das Geheimnis von Tod und Auferstehung erfahrbar im Heute.

Die Werkzeuge der geistlichen Kunst

Benediktsregel (RB) Kapitel 4, Verse 1–2; 8–9; 14–32

»Vor allem: Gott, den Herrn, lieben mit ganzem Herzen, mit ganzer Seele und mit ganzer Kraft. Ebenso: Den Nächsten lieben wie sich selbst. (…) Alle Menschen ehren. Und keinem anderen antun, was man selbst nicht erleiden möchte. (…) Arme bewirten. Nackte bekleiden. Kranke besuchen. Tote begraben. Bedrängten zu Hilfe kommen. Trauernde trösten. Sich dem Treiben der Welt entziehen. Der Liebe zu Christus nichts vorziehen. Den Zorn nicht zur Tat werden lassen. Der Rachsucht nicht einen Augenblick nachgeben. Keine Arglist im Herzen tragen. Nicht unaufrichtig Frieden schließen. Von der Liebe nicht lassen. Nicht schwören, um nicht falsch zu schwören. Die Wahrheit durch Herz und Mund bekennen. Nicht Böses mit Bösem vergelten. Nicht Unrecht tun, vielmehr Erlittenes geduldig ertragen. Die Feinde lieben. Die uns verfluchen, nicht auch verfluchen, sondern mehr noch sie segnen.«

Heute haben wir Unglaubliches gesehen

Lukasevangelium Kapitel 5, Vers 17-26

»Eines Tages, als Jesus wieder lehrte, saßen unter den Zuhörern auch Pharisäer und Gesetzeslehrer; sie waren aus allen Dörfern Galiläas und Judäas und aus Jerusalem gekommen. Und die Kraft des Herrn drängte ihn dazu, zu heilen. Da brachten einige Männer einen Gelähmten auf einer Tragbahre. Sie wollten ihn ins Haus bringen und vor Jesus hinlegen. Weil es ihnen aber wegen der vielen Leute nicht möglich war, ihn hineinzubringen, stiegen sie aufs Dach, deckten die Ziegel ab und ließen ihn auf seiner Tragbahre in die Mitte des Raumes hinunter, genau vor Jesus hin. Als er ihren Glauben sah, sagte er zu dem Mann: Deine Sünden sind dir vergeben. Da dachten die Schriftgelehrten und die Pharisäer: Wer ist das, dass er eine solche Gotteslästerung wagt? Wer außer Gott kann Sünden vergeben?

Jesus aber merkte, was sie dachten, und sagte zu ihnen: Was habt ihr für Gedanken im Herzen? Was ist leichter zu sagen: Deine Sünden sind dir vergeben!, oder zu sagen: Steh auf und geh umher? Ihr sollt aber erkennen, dass der Menschensohn die Vollmacht hat, hier auf der Erde Sünden zu vergeben. Und er sagte zu dem Gelähmten: Ich sage dir: Steh auf, nimm deine Tragbahre und geh nach Hause! Im gleichen Augenblick stand der Mann vor aller Augen auf. Er nahm die Tragbahre, auf der er gelegen hatte, und ging heim, Gott lobend und preisend. Da gerieten alle außer sich; sie priesen Gott und sagten voller Furcht: Heute haben wir etwas Unglaubliches gesehen.«

Heute aufgerichtet sein

Zielorientierung gilt als bewährtes Führungsinstrument. Ziele werden bestimmt und definiert, sei es im persönlichen oder beruflichen Umfeld, sei es in Politik, Wirtschaft und Gesellschaft. Über Zielvereinbarungen sollen unterschiedliche Menschen zu einem strukturierten Prozess kommen, der schließlich darin mündet, dass das miteinander vereinbarte Ziel erreicht wird. Aber was ist zu tun, wenn es heißt: »Sie haben Ihr Ziel verfehlt?« Wenn dies beim Autofahren der Fall ist, sagt die nette Stimme des Navigationssystems: »Bitte kehren Sie um!« Umkehren bedeutet, zurück zu dem Punkt zu gehen, an dem die Zielverfehlung begonnen hat. Dort gilt es, das Ziel neu in den Blick zu nehmen. Umkehren kann anstrengend sein, Kraft und Zeit kosten, etwa bei einer Bergtour, wenn man die Markierung verloren hat und vor einer unüberwindbaren Felswand steht. Dann heißt es, so weit wieder abzusteigen, bis man die letzte Markierung findet. Manchmal kann eine Zielverfehlung dazu führen, dass man den Gipfel nicht erreicht, weil man resigniert aufgibt und frustriert ins Tal absteigt.

durch neue Lebensziele

»Ein Ziel verfehlen« – nichts anderes meint die wortwörtliche Übersetzung des griechischen Wortes »harmatein«, das im Evangelium mit »sündigen« übersetzt wird. Es wurde ursprünglich beim Bogenschießen verwendet. Wenn ein Schütze nicht ins Schwarze trifft, sondern danebenschießt, dann hat er sein Ziel verfehlt. Sünde lässt sich als Zielverfehlung beschreiben. Von ihr ist immer dann in der Bibel die Rede, wenn der Mensch durch sein Verhalten danebenliegt, sein eigentliches Lebensziel, seine Lebensbestimmung verfehlt und sich damit auch von Gott entfernt hat. Der biblische Begriff der Sünde beschreibt daher zunächst weniger eine einmalige moralische Entgleisung, jemanden anzulügen oder zu stehlen. Sünde biblisch verstanden beschreibt vielmehr einen Zustand, dass ein Mensch in einer grundlegend gestörten Gottesbeziehung lebt, indem er sich oder etwas anderes als absolut, also an die Stelle Gottes setzt. Der Sünder ist davon überzeugt, dass er die alleinige Instanz ist, zum Beispiel in den Fragen, was gut und richtig bzw. böse und falsch ist. Im Blick auf seine eigenen Interessen nimmt er es daher mit der Wahrheit oder dem Eigentum eines anderen nicht mehr so genau. Diese Grundeinstellung wird zum sündhaften Verhalten, das auf Kosten der anderen den eigenen Vorteil sucht. Damit verändert sich maßgeblich die Verhältnisbestimmung zur Umwelt und zu sich selbst. Es kommt zur Entfremdung, zur Sünde. Für Jesus ist die Sündenvergebung ein zentrales Anliegen. Er will dem Menschen helfen, sein Lebensziel neu in den Blick zu nehmen. Es geht ihm um Umkehr und Neuanfang. Durch die Begegnung mit ihm soll es letztlich zur Heilung der Gottesbeziehung kommen. Diese soll dem Menschen helfen, wieder zu sich selbst und damit zur rechten Verhältnisbestimmung zu seiner Umwelt zu finden. Zu einem solchen Neuanfang soll das von Jesus proklamierte »Gnadenjahr« führen. Der Mensch kann die Markierungen Gottes als Wegweiser für sein Leben wieder neu in den Blick nehmen. Selbstredend sind damit nicht alle Probleme gelöst. Auch weiterhin werden sich Menschen verfehlen. Aber die Grundausrichtung stimmt wieder. Um diese erneuerte Zielorientierung geht es Jesus, wenn er in Galiläa einen Gelähmten aufrichtet und dabei auch auf die Sünde zu sprechen kommt. Nach seinem Aufbruch aus Nazaret ist Jesus durch Galiläa gewandert und hat viele Menschen geheilt. Am See Genezareth hat er seine ersten Jünger Petrus, Jakobus und Johannes berufen. Jetzt werden sie Zeugen, wie Jesus einen Menschen aufrichtet und diesen neu bewegt. Damit erweist sich Jesus zugleich als Lehrer seiner Schüler. Neben seinen Jüngern werden im Lukasevangelium in dieser Szene erstmals die Pharisäer und Gesetzeslehrer genannt. Aus allen wichtigen Orten Israels sind sie zusammengekommen. Selbstredend braucht es zu dieser Personengruppe eine Erklärung, da wir heute den Begriff »Pharisäer« mit einem abgründig negativen Beigeschmack verwenden. Meistens bezeichnen wir damit Menschen, die anders reden als sie handeln. Wenn Wort und Tat nicht zueinanderpassen, wenn einer wie der Volksmund sagt: »Wasser predigt und selbst Wein trinkt«, dann stellen wir abschätzig fest: »So ein Pharisäer!« Dieses Urteil aber wird den Pharisäern zur Zeit Jesu keineswegs gerecht. Im Gegensatz zu unserer negativen Bewertung stehen diese im antiken Judentum für eine grundlegende, positive Erneuerungsbewegung. Konsequent stellen sie die Tora als Weisung Gottes in den Mittelpunkt ihres religiösen Denkens. Sie fragen sich, wie sie diese alten Weisungen zeitgemäß ins Heute übertragen können. Mit dieser Ausrichtung am Wort Gottes versuchen die Pharisäer, den Willen Gottes konsequent im Alltag zu leben. In diesem Anliegen steht ihnen Jesus sehr nahe. Daher ist es verständlich, dass er sich mit ihnen besonders intensiv auseinandersetzt. Es geht also auch hier um Verheutigung – um »Aggiornamento«. So verstanden, können auch wir uns in den Pharisäern wiederentdecken, wenn wir uns um die zeitgemäße Verheutigung des Evangeliums bemühen. Dabei können wir wie die Pharisäer Jesus besser kennen lernen. Wie sie sollen auch wir uns von ihm im wahrsten Sinn provozieren lassen, indem er uns herausruft, das heißt herausfordert in unseren religiösen Überzeugungen und Glaubenserfahrungen. Vielleicht ist unser Blick verengt durch falsche Selbstsicherheit oder überkommene Routinen. Haben wir das Ziel des Reiches Gottes noch im Blick oder braucht es Korrektur und Umkehr? Die Pharisäer jedenfalls lassen sich provozieren, so dass sich in ihnen Widerstände regen und ihre religiösen Überzeugungen auf den Prüfstand gestellt werden. Im Evangelium heißt es, dass Jesus durch die Kraft Gottes zum Heilen gedrängt wird. Es ist der Geist Gottes, der ihn bewegt, das bereits in Betlehem und Nazaret als Evangelium Verkündigte zu verheutigen und es in die Tat umzusetzen. Wenn Jesus einen Menschen aufrichtet, dann drängt es ihn letztlich zur Auferstehung und damit zum Ziel seines Lebens. »Christ der Retter ist da« – das soll sich heute in diesem galiläischen Dorf, dessen Name nicht genannt wird, ereignen. Die Eingangssituation ist spannend. Einige Männer wollen einen Gelähmten zu Jesus bringen. Von ihm erhoffen sie sich die Heilung, das heißt, es soll im Wortsinn zu einer Lösung kommen. Ein Gelähmter ist ein Mensch, der keinen Stand mehr hat, einer, der liegen bleibt, einer, der auf der Strecke geblieben ist. In diesem Erstarrten bzw. Erschlafften können wir Menschen entdecken, die einfach nicht mehr in die Gänge kommen. Wenn uns etwas beispielsweise schwer niederdrückt, dann stellen wir resigniert fest: »Ich fühle mich wie gelähmt.« Mit dem Gelähmten im Evangelium wird die Frage nach unseren Lähmungen gestellt, nach all dem, was uns behindert, uns zu bewegen: »Wo bin ich unbeweglich geworden? Wo bin ich versteift? Habe ich Lebensziele, die mich bewegen und motivieren, sodass ich zu einer Lösung meiner Lähmungen finde?« Es bleibt offen, dass im Evangelium die Gründe der Lähmung nicht benannt werden. Das lässt Gedankenfreiheit zu. Wir werden ganz unterschiedliche Diagnosen treffen können: So kann uns ein schweres Lebensschicksal lähmen, etwa ein überraschender Todesfall, sodass Glaubenszweifel aufkommen: Wie kann Gott das nur zulassen? Oder das schlechte Vorbild eines nahestehenden Menschen kann uns niederdrücken, sodass man enttäuscht mit innerlichen Blockaden zu kämpfen hat. Manchmal kommen wir nicht mehr in die Gänge, weil durch gedankenlose Routine unser Glaube inhaltslos und stumpf geworden ist. Letztlich wird die Gründe seiner Lähmungen jeder für sich bestimmen müssen. Vielleicht ist es zur Heilung aber auch gar nicht notwendig, konkret nach diesen zu fragen. Zumindest spielen sie im Evangelium keine Rolle. Hier kommt es zur Lösung durch eine konsequente Zielorientierung.

mit mutigen Hilfsaktionen

Die beispielhafte Aktion der helfenden Männer ist faszinierend. Ohne nach der Schuld zu fragen, sehen sie die Not. Sie schauen nicht weg nach dem Motto: »Das geht uns doch nichts an! Das ist sein Problem, wenn er nicht in seinem Leben weiterkommt!« Sie halten dem Gelähmten auch die Lähmung nicht vor: »Du bist doch selber schuld!« Vielmehr handeln sie unkompliziert, packen miteinander an und helfen ihm. All das lässt der Gelähmte wortlos an sich geschehen. Blockiert, nach dem Motto: »Lasst mich doch in Frieden, dieser Jesus kann mir auch nicht helfen!« ist er anscheinend nicht. Er lässt sich helfen! Das scheint entscheidend zu sein, sodass wir uns fragen können: »Wo lasse ich mir helfen?« Oft ist es ja einfacher, jemandem anderen unter die Arme zu greifen, als selbst Hilfe anzunehmen. Das Evangelium verrät uns nicht, wie viele Männer es sind. Es wird von einigen gesprochen. Aber es spiegelt die Erfahrung, dass, wenn mindestens zwei Personen sich einig sind, diese viel tragen und bewegen können. Zwei oder drei, die gemeinsam handeln, können das Leben grundlegend verändern. Die Männer sind sich einig, den Gelähmten nicht liegen zu lassen und diesen damit sich selbst zu überlassen. Das ist ein beeindruckendes Bild von Solidarität. Wenn zwei oder drei eine Idee in sich tragen und sich von dieser bewegen lassen, dann können sie auch heute für andere viel Gutes tun. Wir dürfen dankbar sein, für die vielen Bewegungen der neueren Geschichte, die klein begonnen, aber Großes in Gang gesetzt haben. Wir können an bedeutende Persönlichkeiten denken wie Mahatma Gandhi (1869-1948), Martin Luther King (1929-1968), Nelson Mandela (1918-2013) und viele andere, die mit ihren Gesinnungsgenossen viel bewegt haben und mit ihrem Vorbild bis heute Menschen zur Auferstehung verhelfen. Allesamt haben sie einmal klein angefangen. Dabei sollten wir die vielen stillen Helfer nicht vergessen, die im Unscheinbaren und Verborgenen andere tragen, wie in der häuslichen Krankenpflege, in der Nachbarschaftshilfe, im Beistehen in schweren Lebenslagen. Die Szene im Evangelium ist eine Ermunterung, sich nicht entmutigen zu lassen, sondern sich zu fragen, mit wem wir uns einig sind und wer auf unsere Hilfe und Kraft angewiesen ist. Wo drängt es uns heute zu Lösung, Heilung und Bewegung? Die Männer lassen nichts unversucht, diesen armen Menschen zu Jesus zu bringen. Sie sind der Überzeugung: »Wer gelähmt ist, der braucht Hilfe, der ist auf unsere Unterstützung angewiesen, auf unsere Hände und Füße, auf unsere Kraft.« Sie glauben, dass Jesus ihren Freund neu bewegen kann. Das ist das gemeinsame Ziel, das sie motiviert. Lukas zeichnet mit diesen Männern ein starkes Bild für die Gemeinschaft der Glaubenden, für uns als Kirche: einander tragen und ertragen, sich die Lähmungen nicht gegenseitig vorhalten, sondern einfach neue Wege zu Jesus suchen und darauf vertrauen, dass er heute neu bewegen kann. Das kann in der unkomplizierten Hilfe geschehen, wie sie im Evangelium geschildert ist, aber auch durch unser Gebet, in der mitmenschlichen Begleitung, im Zuhören und Gespräch. Dabei können Barrieren den Weg versperren. Im Evangelium sind es die vielen Schaulustigen, die es zunächst den Männern unmöglich machen, den Gelähmten zu Jesus zu bringen. Auch das lässt sich auf unseren Alltag übertragen. Wie oft ist uns das Ziel verstellt zum Beispiel durch die Menge an Arbeit, Vorurteilen, Traditionen, Besitzständen. Es gibt oft viele Hindernisse und Ausreden, die den Weg zur Heilung versperren. Das geschieht dann, wenn wir resigniert meinen: »Das hat doch alles keinen Sinn!« Oder: »Wir haben viel vergeblich versucht, aber daran führt kein Weg vorbei!« Doch die Männer kennen weder eine Kultur des Wegschauens noch eine Kultur des frühen Aufgebens. Keiner von ihnen steigt aus oder lässt sich entmutigen. Trotz der Widerstände verlieren sie ihr Vorhaben nicht aus dem Blick. Sie schlagen einen neuen, unkonventionellen Weg ein, um ihr Ziel zu erreichen. Sie steigen aufs Dach, decken die Ziegel ab und lassen den Gelähmten auf seiner Tragbahre in die Mitte des Raumes herunter, genau vor Jesus hin. Was für ein lösungsorientierter Ansatz zeigt sich hier, der gleichsam das Problem mit den Barrieren umgeht! Diese couragierte Hilfsaktion ermutigt, nicht so schnell die Flinte ins Korn zu werfen, wenn unsere Pläne nicht gleich zum erhofften Ziel führen. Die Helfer geben nicht auf. Sie überlassen die Angelegenheit auch nicht der Feuerwehr, den Sanitätern oder einer anderen professionellen Hilfsorganisation, sondern sie steigen selbst für den Gelähmten aufs Dach. Indem sie nichts unversucht lassen, wagen sie das Unmögliche. Das sollte auch ein Hinweis für uns sein: Manch scheinbarer Umweg ist nötig, manch schützendes Dach muss zuerst abgedeckt werden, manche Gratwanderung gilt es, in Kauf zu nehmen, dass ein Mensch aufgerichtet wird. Dabei sind die Männer mutig und erfinderisch, beweglich und flexibel, eben ziel- und lösungsorientiert. Der Glaube, das Vertrauen suchen ungewöhnliche Wege, um Menschen zu Jesus zu bringen. Das geschieht auch heute. Hierfür lassen sich zahlreiche Beispiele finden: Das Dach wird abgedeckt, wenn Pfarrgemeinden Flüchtlinge und Asylsuchende in ihre Pfarrheime und Gemeindezentren aufnehmen. Christen suchen den Weg über das Dach, wenn ungewollt schwangere Frauen in ihrer Gewissensnot nicht alleingelassen werden. Die Tragbahre wird heruntergelassen, wenn Künstler fantasievoll das Evangelium modern in Szene setzen oder ins Bild bringen, sodass es Zeitgenossen berührt. Das Dach wird abgedeckt, wenn Jugendliche neue Formen des Gottesdienstes ausprobieren dürfen. Leider sind wir oft viel zu sehr in unseren Überzeugungen gefangen, was geht und was nicht, und trauen uns daher zu wenig, neue Wege einzuschlagen. So können wir im Gelähmten auch vieles in der etablierten Kirche unseres Landes entdecken, die heute neue Glaubenswege benötigt. Sind wir bereit, uns helfen zu lassen, von denen, die neue Ausdrucksformen der Spiritualität suchen? Welchen Stellenwert messen wir den »neuen geistlichen Bewegungen« zu? Sehen wir eine Chance, wieder in die Gänge zu kommen, wenn in der Öffentlichkeit konstruktive Kritik an den Kirchen geübt wird? Benedikt nimmt Hinweise von außen sehr ernst. Im Kapitel über die Aufnahme von fremden Mönchen spricht er über Gäste, die mit Liebe und Demut Kritik üben. Dabei gibt der Mönchsvater dem Abt zu bedenken, ob vielleicht nicht gerade deswegen Gott diese Gäste geschickt habe, um die Gemeinschaft auf mögliche Missstände aufmerksam zu machen (vgl. RB 61,4). Damit steht Benedikt ganz in der Tradition des Evangeliums. Mit seiner beeindruckenden Hilfsaktion motiviert er zum Perspektivenwechsel – heute.

im tragenden Vertrauen

Der Gelähmte jedenfalls lässt sich helfen. Ob er teilnahmslos ist, ob er Angst hat oder einfach seinen Trägern vertraut – all das erfahren wir nicht. Das ist auch nicht entscheidend. Entscheidend ist vielmehr der Glaube der Träger, dass sie den Gelähmten in die Mitte bringen und diesen vor Jesus legen. Die Ränder werden in die Mitte gerückt. Damit verheutigt sich das Evangelium von Betlehem und Jesu Primizpredigt von Nazaret. Die Träger vertrauen einfach Jesus. Dieser Glaube beeindruckt Jesus. Zum ersten Mal spricht Lukas an dieser Stelle des Evangeliums vom Glauben. Er verwendet das griechische Wort »pistis«, das auch »Treue« und »Zuverlässigkeit« bedeutet. Die Helfer haben einen starken Glauben, der andere trägt. Sie sind treu und zuverlässig. Ihnen geht es nicht um ihr eigenes Wohlergehen entsprechend eines eng gefassten Heilsverständnisses: »Hauptsache, mir geht es gut! Hauptsache, ich komme in den Himmel!« Ihr Glaube ist ein Gemeinschaftswerk, das dem Gelähmten, der sonst keinen Weg zu Jesus findet, dient. Als Christen können wir uns diese Männer zum Vorbild nehmen. Unser Glaube darf kein Selbstzweck sein. Er ist nicht nur für uns da. Er hat all denen zu dienen, die auf der Strecke bleiben, die von sich aus keinen Zugang mehr zu ihm finden, die sich in ihrer Lebens- und Glaubensgeschichte gelähmt fühlen. All denen hat der Glaube der Kirche treu und zuverlässig zu dienen, indem er sich nicht von der Menge abhalten lässt, sondern effektiv und entschieden handelt und sich mit den Rändern solidarisch zeigt. Vielleicht sollten wir unserem Glauben einfach mehr zutrauen: Was könnte dieser nicht alles bewegen? Genau diesen Glauben, der andere trägt, sieht Jesus. Die tatkräftige Glaubensgemeinschaft führt zur Auferstehung, indem Jesus den heilenden Satz spricht: »Deine Sünden sind dir vergeben!« Damit erlöst er ihn von aller Last der Vergangenheit, von seinen Verfehlungen, in die er sich verstrickt hatte, die ihn gefesselt und gelähmt haben. Die Träger haben damit ihr Ziel erreicht. Erlösung, also ganzheitliche Heilung an Leib und Seele, geschieht, wie es biblische Überzeugung ist: »Deine Sünden sind dir vergeben! Fang neu an, denn in meiner Nähe bist du Gott nah! In meiner Nähe wirst du heil!« All das beinhaltet die ausgesprochene Sündenvergebung. Das Wort von der Sündenvergebung aber provoziert den Widerstand der Pharisäer. Für sie geht Jesus damit eindeutig zu weit. Schließlich ist Sündenvergebung einzig die Sache Gottes und geschieht alljährlich am Versöhnungsfest *Jom Kippur*. »Was maßt sich dieser Jesus an?« Für die Pharisäer kommt diese Anmaßung einer Gotteslästerung gleich: »Wer ist dieser Jesus von Nazaret?« Diese Frage sollten auch wir uns immer wieder stellen: Wer ist dieser Jesus von Nazaret für mich? Ist er wirklich Gottes Sohn?

Im Blick auf die souveräne Sündenvergebung muss ich an den pauschalen Ausschluss von wiederverheirateten Geschiedenen vom Sakrament der Eucharistie denken. Wird ihnen damit nicht der Weg zur heilenden Nähe Jesu im Mahl der Liebe verstellt? Ein Neuanfang scheint für sie unmöglich. Gott kann doch alle schweren Sünden vergeben. Für mich stellt sich dabei die Frage nach dem Vertrauen in Jesu heilende Nähe. Können wir glauben, dass im Sakrament der Eucharistie Gottes heilende Kraft wirksam ist? Dürfen wir Menschen, weil sie einmal das Ziel ihres Lebens verfehlt haben, deshalb die Nähe im Sakrament der Eucharistie für immer verwehren? Oder müssten wir gerade die Gescheiterten, wie den Gelähmten, der nach unserem Glauben im Sakrament gegenwärtig ist, mit Jesus in Berührung bringen und für sie gangbare Wege suchen? Diesen Gedanken können wir vertiefen. Könnte nicht auch unser gemeinsamer Glaube, das heißt der Glaube der Kirche, zur Sündenvergebung führen, Lähmungen heilen und Lösungen bringen, wenn es in der Lossprechungsformel der Beichte heißt: »Durch den *Dienst der Kirche* spreche ich dich los von deinen Sünden?« Wenn wir das Evangelium ernst nehmen, dann sehen wir, dass Jesus keinerlei Berührungsängste gegenüber sündigen Menschen hatte. All diese Gedanken steigen auf und bewegen, wenn wir die Sündenvergebung des Gelähmten ins Heute übertragen. Das Evangelium präsentiert Jesus als wahren Herzenskenner. Er kennt die Gedanken sehr gut, die anderen die Wege zum Heil versperren. Das durften wir schon in Nazaret sehen. Die Gedanken der Pharisäer lähmen und machen sie unbeweglich. Sie trauen Jesus nichts zu! So kommt es zur Demonstration seiner Vollmacht. Das griechische Wort für Vollmacht »exousia« meint wortwörtlich übertragen: »Aus seinem Wesen!« Es meint auch »Vermögen, Freiheit, Autorität, Herrschergewalt«. Jesus handelt also aus dem Innersten seines Wesens heraus. Es drängt Jesus zu heilen. Er ist der *Menschensohn*. Diesen Titel verwendet der Prophet Daniel als Hoffnungsbotschaft, nachdem er dem Volk alle möglichen bestialischen Grausamkeiten verkünden musste (vgl. Dan 7,13). Endlich kommt ein Mensch, der den Menschen in seiner Not ernst nimmt, der sich nicht durch Vorschriften und Ängste bestimmen lässt, sondern den echte Menschlichkeit antreibt.

Gebieterisch und voller Mitgefühl sagt er zum Gelähmten: »Steh auf, nimm deine Tragbahre und geh nach Hause!« Der Gelähmte wird zum neuen Menschen. Ein Exempel wird statuiert. Der aufgerichtete Mensch, der durch den Glauben der Träger zu Jesus gefunden hat, nimmt seine Bahre selbst in die Hand. Jetzt ist er nicht mehr auf die Glaubenshilfe der anderen angewiesen, sondern er ist selbständig und gehfähig geworden. Er nimmt sein Leben selbst in die Hand. Durch den Glauben der Träger und die Liebe Jesu aufgerichtet kann er nach Hause gehen. So erlebt der Gelähmte Auferstehung – Ostern. Analog zu den Hirten geht auch er Gott lobend und preisend nach Hause, weil er am eigenen Leib erfahren durfte: »Christ der Retter ist da!« Die Begegnung mit Jesus hat etwas neu in Gang gesetzt zwischen Gott und Mensch, sodass die Zuschauer staunen. Auch sie werden davon innerlich berührt und finden zum Lobpreis, indem sie feststellen: »Heute haben wir etwas Unglaubliches gesehen! Wir haben etwas gesehen, was eigentlich gar nicht möglich ist: Der Hund wurde zum Jagen getragen und er jagt! Ein Mensch wird von der Lähmung zur Bewegung geführt! Wir haben einen neu gewordenen Menschen gesehen, der trotz seiner Verfehlungen das Ziel erreicht hat, der in seinem Leben neu anfangen darf, der sein Leben selbst in die Hand nimmt und selbständig seinen Heimweg einschlägt.« Das ist das Unglaubliche, das die Zeugen staunen lässt. Es bewegt sich etwas in Galiläa. Auch heute würde sich Ähnliches bewegen, wenn wir unserem Glauben nur genug zutrauten. Dankbar dürfen wir mit den Jüngern und den Umstehenden neu staunen lernen, wenn aus Lähmung Bewegung wird, wenn Menschen ihr Ziel erreichen – heute.

Benediktinische Verheutigung

Mönche sind Frühaufsteher, die den Morgen lieben. Die aufgehende Sonne ist für uns ein Symbol für Christus, den Auferstandenen, der die Nacht des Todes durchlaufen hat. Ihn erwarten wir in den frühen Morgenstunden mit den Vigilien und preisen ihn als neues Licht im Lobgesang der Laudes. Aufgeweckt werden und aufstehen gehören also wesentlich zum Mönchtum. Freilich fällt dies Morgen für Morgen nicht immer leicht. Daher empfiehlt Benedikt seinen Mitbrüdern, dass sie sich gegenseitig behutsam ermuntern, wenn sie zum Gottesdienst aufstehen (vgl. RB 22,8). Wir sollen uns also auch im übertragenen Sinn gegenseitig zur Auferweckung und Auferstehung verhelfen. Im Prolog seiner Regel entwickelt Benedikt diesen österlichen Gedanken. »Heute aufgerichtet sein« ist ein Gemeinschaftswerk, bei dem unser Auferstehungsglaube tragend ist für jeden von uns.

Höre mein Sohn …

Benediktsregel (RB) Prolog, Verse 8–13; 19–21

»Stehen wir also endlich einmal auf! Die Schrift rüttelt uns wach und ruft: ›Die Stunde ist da, vom Schlaf aufzustehen.‹ Öffnen wir unsere Augen dem göttlichen Licht und hören wir mit aufgeschrecktem Ohr, wozu uns die Stimme Gottes täglich mahnt und aufruft: ›Heute, wenn ihr seine Stimme hört, verhärtet eure Herzen nicht!‹ Und wiederum: ›Wer Ohren hat zu hören, der höre, was der Geist den Gemeinden sagt!‹ Und was sagt er? ›Kommt, ihr Söhne, hört auf mich! Die Furcht des Herrn will ich euch lehren. Lauft, solange ihr das Licht des Lebens habt, damit die Schatten des Todes euch nicht überwältigen.‹ (…) Liebe Brüder, was kann beglückender für uns sein als dieses Wort des Herrn, der uns einlädt? Seht, in seiner Güte zeigt uns der Herr den Weg des Lebens. Gürten wir uns also mit Glauben und Treue im Guten, und gehen wir unter der Führung des Evangeliums seine Wege, damit wir ihn schauen dürfen, der uns in sein Reich gerufen hat.«

Heute ist diesem Haus das Heil geschenkt worden!

Lukasevangelium Kapitel 19, Vers 1–10

»Dann kam er nach Jericho und ging durch die Stadt. Dort wohnte ein Mann namens Zachäus; er war der oberste Zollpächter und sehr reich. Er wollte gern sehen, wer dieser Jesus sei, doch die Menschenmenge versperrte ihm die Sicht; denn er war klein. Darum lief er voraus und stieg auf einen Maulbeerfeigenbaum, um Jesus zu sehen, der dort vorbeikommen musste.

Als Jesus an die Stelle kam, schaute er hinauf und sagte zu ihm: Zachäus, komm schnell herunter! Denn ich muss heute in deinem Haus zu Gast sein. Da stieg er schnell herunter und nahm Jesus freudig bei sich auf. Als die Leute das sahen, empörten sie sich und sagten: Er ist bei einem Sünder eingekehrt. Zachäus aber wandte sich an den Herrn und sagte: Herr, die Hälfte meines Vermögens will ich den Armen geben, und wenn ich von jemand zu viel gefordert habe, gebe ich ihm das Vierfache zurück. Da sagte Jesus zu ihm: Heute ist diesem Haus das Heil geschenkt worden, weil auch dieser Mann ein Sohn Abrahams ist. Denn der Menschensohn ist gekommen, um zu suchen und zu retten, was verloren ist.«

Heute heil sein

»Wir entfalten Ihre Schönheit!« – mit diesem Slogan wirbt ein Kosmetikunternehmen für Gesichtspflege. Durch Anti-Aging und diverse Cremes soll es, wenn man in die Jahre kommt und sich im Gesicht die ersten Falten zeigen, zur Entfaltung im eigentlichen Sinn des Wortes kommen. Schönheit genießt in unserer Gesellschaft hohen Stellenwert, wie es die hohen Summen zeigen, die alljährlich für Schönheitspflege ausgegeben werden. Bekanntlich lässt sich über Schönheit gut streiten, sodass das, was als schön empfunden wird, häufig relativ ist. Und doch brauchen wir immer wieder die Erfahrung des Schönen: nach einem stressigen Arbeitstag schöne Musik zur Entspannung oder eine Natursendung im Fernsehen mit schönen Landschaftsbildern, die helfen, von dem, was uns momentan beschäftigt oder gar belastet, Abstand zu gewinnen. Unser deutsches Wort »schön« kommt ursprünglich von »schauen«. Wenn jemand ansehnlich ist, schaut man ihn an. Durch dieses Ansehen wird er schön. Wenn er einem nicht gefällt bzw. nach eigenem Empfinden hässlich ist, dann schaut man lieber weg. Ansehen schenkt also Schönheit, es macht den anderen anziehend, im eigentlichen Sinn des Wortes attraktiv (von lat. attrahere – an sich ziehen).

mit entfaltender Schönheit

»Wir entfalten Ihre Schönheit« – dieser Slogan könnte ein christliches Lebensprogramm sein, wie uns die Begegnung Jesu mit dem Zöllner Zachäus veranschaulicht. Ein Mensch kann sich entfalten, weil ihm Jesus trotz seiner hässlichen Seiten heilsames Ansehen schenkt. Wie bei der Heilung des Gelähmten bekommt auch in dieser Szene ein Mensch, der sich offensichtlich in Schuld und Sünde verstrickt hat, die Chance zum Neuanfang. Das Gnadenjahr wird verheutigt. Jesus befindet sich auf seinem Weg nach Jerusalem hinauf. Zuvor hatte Lukas berichtet, wie dieser vor den Toren Jerichos einen Blinden geheilt hatte. Es ist das letzte Wunder, das Jesus vor seinem Tod und seiner Auferstehung wirkt. »Herr, ich möchte wieder sehen können!«, lautete der eindringliche Wunsch dieses Mannes, dem Jesus zum Augenlicht verhilft. Die anschließende Begegnung mit Zachäus leitet Lukas mit den griechischen Wörtern »kai idou« ein, was im Deutschen heißt: »Und siehe!« Es geht also auch hier ums Sehen. Der Leser bzw. der Hörer des Evangeliums soll zum Sehen geführt werden, ganz entsprechend dem Lobgesang des Simeon zu Beginn des Lukasevangeliums, als dieser das Jesuskind im Jerusalemer Tempel in seine Arme schließt und dabei glücklich feststellt: »Denn meine Augen haben das Heil gesehen, dass du vor allen Völkern bereitet hast, ein Licht, das die Heiden erleuchtet und Herrlichkeit für dein Volk Israel« (Lk 2,30). Viele Motive, die das Lukasevangelium prägen, werden in der Begegnungsszene von Jericho gebündelt, und zwei Mal wird hier das Wörtchen »Heute« verwendet. Daher wird die Zachäusgeschichte auch als Summe des ganzen Evangeliums bezeichnet. Zum einen taucht das Wegmotiv auf. Jesus ist auf dem Weg. Er hat das Ziel im Blick, aber dieses noch nicht erreicht. Christsein bedeutet, mit Jesus auf dem Weg zu sein, mit ihm zu gehen, ihm nachzufolgen, wie es am Ende des Evangeliums die Emmausjünger (vgl. Lk 24,13-35) verdeutlichen oder auch die Apostelgeschichte zeigt (vgl. Apg. 19,23-40). Christsein heißt zum einen, sich tagtäglich mit Jesus zu bewegen. Zum andern geht es in dieser Szene um den Gegensatz von Reichen und Armen. Auch das ist ein beliebtes Thema des Lukas, der immer wieder die ungerechte Güterverteilung und damit die herrschenden sozialen Missstände anprangert. Jesus will hier zu einer neuen, gerechteren Ordnung führen, indem er die Wohlhabenden an ihre Verantwortung für die Armen und Schwachen erinnert. Diese stete Ermahnung ist eine zeitlose Herausforderung, die auch heute nichts an Aktualität verloren hat. Ferner ist in der Zachäusgeschichte vom »Suchen und Finden« die Rede. Auch dies ist ein beliebtes Motiv bei Lukas, wie es die Gleichnisse vom verlorenen Sohn, vom verlorenen Schaf und der verlorenen Drachme thematisieren (vgl. Lk 15). Jesus sucht gezielt den scheinbar verlorenen Menschen. Nach ihm hat er grenzenlose Sehnsucht, wie es uns bereits am Weihnachtsevangelium deutlich geworden ist. Durch die Begegnung mit Jesus findet auch Zachäus zu neuem Leben. Er wird gleichsam neu geboren. Ein neues Leben kann beginnen. Jesus kommt nach Jericho, der Stadt am Rande der Wüste im Jordangraben. Sie gilt als Oase. Auch für Zachäus wird sie im übertragenen Sinn zum neuen Quell- und Lebensort. Auf seinem Weg nach Jerusalem hinauf geht Jesus durch die Stadt. Er hat es scheinbar eilig. Beim Passieren der Stadt kommt es nun zur Begegnung mit dem obersten Zollpächter. Zachäus wird uns mit seinem Namen vorgestellt, der eine griechische Form des hebräischen *Zakkai* ist und auf Deutsch »der Gerechte« heißt. Freilich ist Zachäus alles andere als ein Gerechter. Als freier Unternehmer hat er die Besteuerungs- und Abgaberechte vom römischen Staat gekauft. Sein Geschäftsmodell bedeutet, möglichst viel Geld aus seinen Zeitgenossen herauszupressen. Dies geschieht durch Wegegeld, Bodensteuer, Marktgebühren und Grenzzölle. Gerechtigkeit, Berechenbarkeit und Fairness spielen dabei kaum eine Rolle. Zachäus wird wohl jedes Mittel recht gewesen sein. Sein Reichtum stammt eindeutig aus Betrug und Erpressung. Daher wird er zu den meistverachteten und -gefürchteten Personen im Gebiet von Jericho gehört haben. Für die Bevölkerung ist er zudem ein verhasster Kollaborateur mit der römischen Besatzungsmacht. Pharisäische Kreise sehen in ihm einen öffentlichen Sünder, der von den Frommen geschnitten und gemieden werden sollte. Wohlwollendes Ansehen genießt Zachäus in Jericho jedenfalls nicht. Wenn man ihn auf der Straße trifft, geht man ihm besser aus dem Weg und schaut weg. Von diesem Zachäus heißt es: »Er suchte Jesus zu sehen«, wie wir aus dem Griechischen wortwörtlich übersetzen müssen. Damit setzt ihn Lukas in eine Reihe mit jenem Blinden, der wieder sein Augenlicht haben möchte. Es geht also bei Zachäus um mehr als Neugier oder Sensationslust. Er scheint von einer tiefen Sehnsucht nach dem eigentlichen Sehen geprägt. Sein Reichtum und sein korruptes Verhalten haben ihn gleichsam blind gemacht für das, was wirklich das Leben ausmacht. Zachäus will sehen, wer Jesus wirklich ist. Damit wird durch Zachäus anschaulich, was der erste Schritt zum Christsein ist – damals wie heute: Suchen und sehen wollen, wer Jesus wirklich ist, ihn tiefer erkennen wollen. Mit dieser Sehnsucht ist uns Zachäus Vorbild. So fehlt ihm trotz seines Reichtums etwas. Das stimmt nachdenklich. Zum einen motiviert Zachäus, bei uns selbst nachzuspüren, wo wir für das Eigentliche erblindet sind und welche Sehnsüchte in uns schlummern. Fragen könnten auftauchen wie: Wen würde ich gerne sehen oder besser kennen lernen? Was fehlt mir zu einem erfüllten Leben? Wo kann ich meine Schönheit weiter entfalten oder erneuern? Zum anderen sollten wir vorsichtig sein mit unseren vorschnellen Urteilen über andere wie: Dem geht es nur ums Geld! Wir können nicht in einen Menschen hineinsehen, wie man so schön sagt.

durch veränderte Perspektiven

Wiederum ist es eine Menschenmenge, die die Sicht zu Jesus versperrt. Dieses Motiv ist uns aus der vorherigen Szene schon bekannt. Auch den Helfern, die den Gelähmten zu Jesus bringen wollen, ist der Weg aufgrund der Menschenmenge verstellt. Nochmals sollten wir uns eindringlich die Frage stellen: Was kann uns heute alles den Blick auf Jesus verstellen? Die Menge an Arbeit, an Erwartungen, an Anforderungen? Die Menge an Eigeninteressen, an Besitz, an Reichtum, an Wohlstand? Die Menge an Vorurteilen, an Problemen, an Terminen? All das und vieles andere mehr kann uns die Sicht verstellen. Es ist interessant, dass Lukas ausdrücklich erwähnt, dass Zachäus klein ist. Das darf nicht überlesen werden. Dieser Hinweis ist mehr als nur eine Angabe über die Körpergröße, sodass wir uns in Zachäus wiederfinden können. Manchmal plagen uns Minderwertigkeitsgefühle, die uns klein machen. Bisweilen reden wir uns selber klein mit Aussagen wie: »Da sind wir doch viel zu schwach dafür, das haben wir nicht im Kreuz!« Ebenso wird uns die Sicht versperrt, wenn wir unbewusst mit Fragen klein gehalten werden wie: »Wie viele seid ihr *noch*?« In diesem Zusammenhang erinnere ich mich an eine schöne Begegnung mit dem früheren Bischof von Erfurt, Joachim Wanke, der vor einigen Jahren unser Kloster Andechs besuchte. Im Gespräch fragte er: »Wie viele Mönche leben hier auf dem Heiligen Berg?« Etwas betreten antwortete ich: »Derzeit sind hier sieben Mitbrüder, die anderen 13 leben in St. Bonifaz in München.« Spontan reagierte der Bischof: »Was, sieben? So viele? Sie wären in meinem Bistum einer der größten Männergemeinschaften. Was können sieben Männer bewegen!« Der Bischof hat mir eine neue Sicht geschenkt, wofür ich ihm dankbar bin. Seine Perspektive hat meine verändert. Die Begegnung macht deutlich: Es wird immer eine Frage der Perspektive sein, wie klein oder wie groß wir sind, wie klein wir uns fühlen und wie groß wir uns machen! Es gilt, mutig den Perspektivenwechsel zu wagen. Auch das können wir von Zachäus lernen. Er lässt sich jedenfalls nicht von seiner Kleinheit entmutigen. Vielmehr sucht er aktiv den Perspektivenwechsel. Weder lamentiert er über seine mangelnde Größe, noch gibt er sich Minderwertigkeitskomplexen hin. Erfinderisch sucht er eine Lösung seines Problems. Auch darin gleicht er den Männern, die den Gelähmten zu Jesus tragen, indem er wie sie neue Wege einschlägt. Mit einer ungewöhnlichen Aktion, indem er auf einen Baum klettert, macht er sich größer. Er stellt sich den Herausforderungen in seinem Heute. Das alles geschieht mit einer großen Dynamik. Nochmals benennt Lukas den Zweck dieser eigenartigen Aktion: All das nimmt er auf sich, »um Jesus zu sehen, der dort vorbeikommen muss«. Was für eine große Sehnsucht musste Zachäus bewegen. Eigentlich ist es eine lächerliche Aktion, wenn der oberste Zollpächter auf einen Maulbeerfeigenbaum klettert. Was werden die Leute von Zachäus denken, wenn sie ihn da oben in den Zweigen entdecken? Verspielt er dadurch nicht völlig seine Autorität und sein Ansehen? Aber die Sehnsucht ist offensichtlich größer als die Angst, sich der Lächerlichkeit preiszugeben und sein Image aufs Spiel zu setzen. Aus Kleinmut wird Freimut, sodass Zachäus alle Vorbehalte aufgibt. Auch das ist eine Anfrage an jeden von uns. Die Sicht auf Jesus muss erklettert werden. Klettern bedeutet, all das loszulassen, was uns dabei behindern könnte. Mit Stab und Mitra kann man nur schwerlich auf einen Baum klettern, meinte einmal ein Prediger. Keiner kann Jesus sehen, wenn er auf dem Boden bleibt, so stellt schon Ambrosius von Mailand (339-397) fest. Vielleicht sollten auch wir den Mut haben, manches, was unsere Beweglichkeit einschränkt, abzulegen, um wieder freier in die Höhe zu kommen. Kinder klettern gerne auf Bäume. Die Aktion des Zachäus ist Einladung, freimütig dem Kindlichen in unserem Leben Raum zu schenken, auch auf die Gefahr hin, dass wir im Urteil unserer Zeitgenossen für kindisch gehalten werden. Wiederum kommen mir bedeutende Gestalten der Kirchengeschichte in den Sinn, wie Franz von Assisi (1181-1226) oder Philipp Neri (1515-1595), die es mit kindlichem Freimut wagten, bestehende Strukturen in Frage zu stellen. Im Urteil ihrer Zeitgenossen waren sie äußerst umstritten und als Verrückte abgestempelt. Heute werden sie als Heilige verehrt und bewundert. Vielleicht sind wir viel zu erwachsen, indem wir festgelegt sind auf eine Körpergröße, die im Ausweis steht. Das Wort Jesu: »Wenn ihr nicht werdet wie die Kinder« (vgl. Mt 18,3) bekommt in diesem Zusammenhang ganz neue Qualität. Kinder jedenfalls stellen gerne Fragen, sind neugierig, erkunden offen ihre Welt und probieren mutig Neues aus. Kinder können noch vorbehaltlos vertrauen und über Wunderbares staunen. All das ist uns als Kindern Gottes ins Stammbuch geschrieben. Das Vorbild des kleinen Zachäus ist eine bleibende Aufforderung: Tut etwas, um veränderte Perspektiven und neue Chancen zu bekommen! Tut etwas, um Jesus wirklich zu sehen, wie es im Psalm 27 heißt: »Sucht mein Angesicht, dein Angesicht, Herr, will ich suchen« (Ps 27,8). Denn wer Jesus sieht, sieht Gott. Er wird zur »visio beatifica«, zur beglückenden Schau geführt. Was das bedeutet, wird uns an der Person des Zachäus veranschaulicht. In Jesus wird Gott, der unseren Blicken entzogen ist, ansehnlich und schön. Dabei fällt auf, dass Zachäus zuerst von Jesus entdeckt und gesehen wird. Jesus schaut gleichsam zum Zöllner hinauf. Im wahrsten Sinn des Wortes schenkt er dem Kleinen Ansehen und macht ihn dadurch in seinen Augen groß. Dieser Blick der Liebe heilt. Indem Jesus zu Zachäus aufschaut und nicht auf ihn herabblickt, wird der Sünder, der sich verfehlt hat, ansehnlich. Und damit bekommt Zachäus die Chance, seine innere Schönheit zu entfalten. Letztlich ist das die Perspektive Gottes, wenn er Mensch wird und sich hineinbegibt in unser

Leben. Mit Jeus nimmt Gott den Menschen neu in den Blick, indem er ihm auf Augenhöhe begegnet. Durch seine Menschwerdung schenkt Gott uns unvermittelt Ansehen. Im Unterschied zur Heilung des Gelähmten, bei der Jesus den Glauben der Gruppe wahrnimmt, sieht er nun den Einzelnen. Er nimmt Zachäus als Individuum mit seiner Sehnsucht ernst, mit dem, was ihn bewegt. Auch das dürfen wir auf uns übertragen: Mit Zachäus schaut Jesus mich an, sieht er, was mich bewegt, will er meine innere Schönheit entfalten.

aufgrund ansteckender Großherzigkeit

In Jesus schenkt Gott uns Ansehen. Jesus ruft Zachäus zuerst mit seinem Namen. Der Oberzöllner ist für ihn keine Nummer, kein Funktionär, kein Anonymer. In Jesus ist Gott Mensch geworden, der einen jeden mit seinem Namen ruft. Er ist vertraut mit uns, wie Eltern und ältere Geschwister, die uns schon immer mit dem Vornamen rufen. Er ist mit uns fest verbunden wie ein guter Freund, mit dem wir selbstverständlich »per Du« sind. Wie bei Taufe und Firmung, bei der wir mit unserem Namen angesprochen wurden, so kennt uns Gott und ruft uns, wie es beim Propheten Jesaja heißt: »Fürchte dich nicht, denn ich habe dich erlöst; ich habe dich bei deinem Namen gerufen; du bist mein« (vgl. Jes 43,1). Es ist erlaubt, dass wir anstelle des Zachäus unseren eigenen Namen einsetzen und uns von Jesus zurufen lassen: »Johannes, komm schnell herunter. Denn ich muss heute in deinem Haus zu Gast sein« (Lk 19,5)! Diesen Zuspruch gilt es zu meditieren, und sich im Innersten von ihm bewegen zu lassen.

Jesus will bei mir zu Gast sein – heute, jetzt, in diesem Augenblick. Für das, was mein Leben prägt und ausmacht, interessiert er sich. In meinem Haus, in meiner Wohnung, in meinem Innersten will er mich besuchen. Selbstredend ist das Haus bei Lukas der Treffpunkt der Gemeinde und ein Bild für die Kirche. Nicht zufällig wird das Evangelium des Zachäus als Kirchweihevangelium gelesen. Das Haus des Zachäus soll durch Jesus zum Haus Gottes werden, in dem sich die Gemeinschaft der Glaubenden versammelt. Auch das können wir auf unser Leben übertragen. Jesus will mein Haus zur Kirche machen, will durch mich Gemeinde bilden. In meiner konkreten Familie, in meinem Freundes- und Bekanntenkreis, der sich völlig unterschiedlich zusammensetzt, in meiner Gemeinschaft mit ihren Stärken und Schwächen will Jesus heute zu Gast sein. Für mein Haus, für meine Lebenswirklichkeit zeigt er Interesse. Dabei geht Jesus äußerst sensibel vor. Es gibt weder Belehrungen noch Zurechtweisungen. Zachäus wird weder öffentlich getadelt noch von Jesus ausgelacht. Auch werden keine Bedingungen gestellt, was sich alles in seinem Lebenshaus zu verändern hat oder dass zunächst einmal aufgeräumt werden sollte. Vielmehr pflegt Jesus eine Pastoral, die den Menschen ganz konkret dort abholt, wo er zu Hause ist. Das also, was für mich Zuhause bedeutet, interessiert Jesus. Er will meine Familie und meine Freunde kennen lernen. Er will sehen, wie ich meine Wohnung eingerichtet habe, also welcher Lebensstil mich prägt. Er will erfahren, was mir Spaß macht und meinem Leben Sinn gibt. Er hat echtes Interesse für meine Sorgen und Nöte, für das, was mich tagtäglich herausfordert. All das, was sich in meinem Lebenshaus befindet, will er kennen lernen. Das ist eine Seelsorge, die zuinnerst Ansehen schenkt. Damit holt Jesus Zachäus gewissermaßen in sein Haus zurück, das heißt, er stellt ihn auf den Boden der Tatsachen, in den geschützten, wohl vertrauten Raum seiner eigenen Lebenswirklichkeit. Dies ist keine Vorladung, sondern ein Entgegenkommen, das ans Äußerste geht. Die Rückkehr zu sich selbst wird ermöglicht. »Heute« will die erbarmende Liebe Gottes Zachäus besuchen. »Heute« will sie mich besuchen. Und so erleben wir mit Zachäus die Dynamik des Abstiegs. Schnell steigt er herab. Er hat es eilig, um Jesus in seinem Haus zu begrüßen. Das Ansehen des Ansprechenden gibt Zachäus einen neuen Stand, Selbststand und Sicherheit. Durch den liebenden Blick bekommt er wieder Boden unter die Füße, traut er sich, Jesus all das zu zeigen, was bisher sein Leben bestimmt hat.

Diese Bodenständigkeit, zu der Zachäus durch Großherzigkeit geführt wird, ist nichts anderes als das, was Demut im Lateinischen mit »Humilitas« beschreibt. Es enthält den Wortstamm »humus« – »Boden«. Der demütige Mensch weiß von sich, dass er von der Erde genommen ist, dass er irdisch und begrenzt ist. Nichts anderes beschreibt ja die Bibel im Schöpfungsbericht. Gott bildete den Menschen aus dem Erdboden und nannte ihn Adam – Erdling (vgl. Gen 2,7 ff.). Der demütige Mensch weiß, woher er kommt, dass er Teil der Erde ist. Er kennt seine Stärken und seine Schwächen. Er ist sich bewusst, dass er als Erdling nicht alles kann und Fehler macht. Der demütige Mensch braucht sich nicht ständig zu überfordern. Der Hochmütige dagegen, wie ihn die Bibel in der Gestalt des Adam auch zeigt, ist nicht mit sich selbst zufrieden. Er will wie Gott sein und erhöht sich (vgl. Gen 3,5 ff.).

Freilich führt ihn dieser Hochmut zum Fall. In Zachäus begegnet uns dagegen ein Mensch, der umkehrt und wieder sein Menschsein annimmt. Dadurch wird er zum neuen Menschen. Durch das Ansehen und das Ernstnehmen seiner Wirklichkeit findet er zu sich und damit zur realistischen Erdnähe zurück. Als Erdling kann er nun seine ganze Schönheit entfalten. Das ist selbstredend auch für uns eine entlastende und ermutigende Botschaft, die wir in einer Zeit leben, in der es permanent um das »Immermehr« und »Immerbesser« geht. Es stellt wohl eine große asketische Leistung des Menschen dar, sich nicht ständig größer machen zu wollen, sondern seine Fehlerhaftigkeit wie Zachäus wirklich anzunehmen. Zachäus steigt demütig herab und findet über die Demut zu echter Humanitas, zu echter Menschlichkeit. Indem er die früheren Unmenschlichkeiten einsieht, kommt es zum Wunder der Verwandlung. Ihm werden die Augen geöffnet für das, wofür er zuvor blind war. Er lernt die Fehler einzusehen, die er in der Vergangenheit gemacht hat. Weil er zurückkehrt auf den Boden der Realität, nimmt er die Dinge so wahr, wie sie wirklich sind. Zachäus wird von der Blindheit befreit. Durch das Ansehen, das Jesus ihm schenkt, kann er sich und seine Welt mit neuen Augen sehen. All das können wir von Zachäus lernen. Bei allen noch so hehren Zielen gilt es, bodenständig zu bleiben. Es gehört zu unserem Menschsein, Schwächen zu haben und Fehler zu machen. Dafür interessiert sich Jesus. Doch er will uns zum neuen Menschen machen, indem er in unser Haus einkehren will. Jesus will bei Zachäus bleiben. Das ist keine kurze Stippvisite. Er will in dessen Leben für immer bleiben, es mit ihm ganz und gar teilen, gleichsam eine Hausgemeinschaft mit ihm eingehen. Wie die Hirten von Betlehem erfüllt dies Zachäus mit großer Freude. Wie sie beeilt auch er sich. Er steigt vom Baum schnell herunter und nimmt Jesus freudig bei sich auf. Es ist diese Freude, von der Jesus an anderer Stelle spricht: »Ebenso wird auch im Himmel mehr Freude herrschen über einen einzigen Sünder, der umkehrt, als über neunundneunzig Gerechte, die es nicht nötig haben umzukehren« (Lk 15,7). Jesus bei mir aufzunehmen bedeutet, alle Selbstgerechtigkeit abzulegen. Ihm kann ich ungeschminkt begegnen mit meinen Falten, Pickeln und Runzeln. Er freut sich an mir, so wie ich bin, und richtet es zum Guten. Als Erlöser macht er es wieder recht, sodass ich ein Auf-Gerichteter, ein Gerechter, ein Zachäus bin. Das ist Rückkehr zu sich selbst. Freilich ist die Einkehr Jesu bei einem Zöllner für die Umwelt eine Provokation. Nicht nur die Pharisäer regen sich darüber auf, wie zuvor bei der Heilung des Gelähmten. Jetzt geraten alle, die diese Begegnung mitbekommen, in Rage: »Ist denn Jesus blind? Wie kann er bei einem Sünder einkehren?« Doch welche Blindheit herrscht wirklich in Jericho? Wie die Einwohner von Nazaret erkennen auch sie nicht, welches befreiende Anliegen Jesus letztlich verfolgt. Ihre Vorverurteilung des Zöllners verstellt ihnen die Sicht auf das Wesentliche. Geht es uns nicht manchmal auch so? Häufig sind es Eifersucht und Neid, die uns blind machen. Ein anderes Mal das einmal gefasste Urteil, das keine neue Sicht der Dinge zulässt. So stellen wir uns letztlich ins Abseits und erkennen gar nicht, wie sehr auch wir mit den Bewohnern Jerichos gemeint sind. Zachäus kehrt sich Jesus zu. Sein Herz aus Stein wird zum Herz aus Fleisch (vgl. Ez 36,26). Die Großherzigkeit Jesu ist ansteckend. Entsprechend der römischen Rechtspraxis will der Oberzöllner zur Wiedergutmachung das Vierfache zurückgeben. Er ist bereit zurückzugeben, indem er nun die in den Blick nimmt, denen sein Ansehen weiterhilft: »Die Hälfte meines Vermögens will ich den Armen geben.« Der Kleine bekommt durch Wiedergutmachung Größe. Jesu Reaktion darauf ist großartig: »Heute ist diesem Haus das Heil geschenkt worden!« oder wie wir wörtlich übersetzen müssten: »Heute geschieht Rettung diesem Haus!« »Christ der Retter ist da!« Nicht nur an Zachäus verheutigt sich das Gnadenjahr, sondern an allen, die er zuvor betrogen und schikaniert hat. Indem sich ein Mensch von seinem verkehrten Verhalten distanziert, wird also nicht nur ihm neues Leben geschenkt. Es geschieht das Unvorstellbare: Der verhasste Eintreiber wird zum großzügigen Geber. Damit erfüllt sich das Schriftwort von Nazaret im Haus des Zachäus. »Auch dieser Mann ist ein Sohn Abrahams!«, stellt Jesus fest. Abraham ist der Urvater des Glaubens, dem zugesprochen wird: »Ein Segen sollst du sein« (Gen 12,1)! Als Sohn Abrahams wird Zachäus selbst zum Segen, indem er Mensch wird, seinen Reichtum teilt und damit seinem Namen als Gerechter nun alle Ehre bereitet. Wie bei der Heilung des Gelähmten spricht Jesus wieder von sich als »Menschensohn«. Ihm geht es um Menschlichkeit: Denn der Menschensohn ist gekommen, um zu suchen und zu retten, was verloren ist. In Jesus geht Gott auf die Suche nach uns, so wie der gute Hirte nach dem verlorenen Schaf, wie die arme Witwe nach der verlorenen Drachme, wie der barmherzige Vater nach dem verlorenen Sohn (vgl. Lk 15). Gott lässt so lange nicht locker, bis er den Verlorenen gefunden hat. Freilich, und das kennen wir vom Versteckspielen mit Kindern, ist es etwas Schönes, gesucht zu werden, und es ist oft schwer, sich wirklich finden zu lassen. Aber es ist Gottes liebender Blick und sein ansprechendes Wort, die uns helfen, das Versteck in der Baumkrone zu verlassen. Es ist die vertraute Stimme des Suchenden, die uns bewegt, schnell herunterzuklettern und ihn freudig bei uns aufzunehmen. Menschwerdung bedeutet, den anderen in seinem Haus zu besuchen, wie es im Lobpreis des Zacharias zu Beginn des Lukasevangeliums heißt: »Denn heimgesucht hast du dein Volk und ihm Erlösung geschaffen« (vgl. Lk 1,68). Zachäus findet zum Leben, indem er wahr und ernst genommen wird. Er wird Mensch. Inmitten der Wüste wird sein Haus zur Oase, zu einem Ort des Heiles. Inmitten seiner Wüste entfaltet Zachäus seine ganze Schönheit. Abschließend gilt es noch einen Gedanken aufzugreifen. Die Erzählung vom Oberzöllner Zachäus findet sich nur im Lukasevangelium. Vermutlich hat Lukas diese Begebenheit im Blick auf Probleme in seiner Gemeinde eingefügt. Schließlich vertrat der Evangelist das Ideal der Gütergemeinschaft, dass alle Gemeindemitglieder ihren Besitz gemeinsam haben und alles miteinander teilen sollen (vgl Apg. 2,44-45; 4,32). Aber diesem Ideal haben nicht alle entsprochen, sodass es schon damals in der Gemeinde Wohlhabende mit reichlich Besitz gab. Wie sollte man mit ihnen umgehen? Die Antwort gibt Jesus in dieser Geschichte: Unter der Bedingung, dass die Reichen wie Zachäus wirklich Jesus sehen wollen und daher bereit sind, ihr Vermögen in den Dienst der anderen zu stellen, wird ihre Existenz in der Gemeinde legitimiert. Dies ist eine Anfrage, die nichts an Aktualität für uns heute verloren hat. Wie gehen wir mit unserem Besitz, Vermögen und Wohlstand um?

Das Evangelium verheutigt sich dann, wenn wir wie Zachäus alles tun, um den Vorübergang Jesu nicht zu verpassen, sondern die Augen offen halten. »Ihn sehen zu wollen« ist die Voraussetzung dafür, dass er uns anblickt. Dieses Ansehen macht uns innerlich schön. Daher sollen wir es auch anderen schenken, indem wir nicht von ihrer Not wegschauen, sondern ihnen mit unseren Mitteln und Möglichkeiten helfen, auch ihre innere Schönheit zu entfalten und zwar: heute!

Benediktinische Verheutigung

»Cura« – »Sorge« ist eines der häufigsten Worte, mit dem Benedikt den Dienst des Abtes beschreibt. Der Obere ist Seelsorger für seine Mitbrüder und hat für sie im eigentlichen Sinn des Wortes »Prokura« erteilt bekommen. Durch seine Fürsorge wird der Abt zum Stellvertreter Christi (vgl. RB 2,2). Benedikt weiß um unsere Schwächen, wenn er seine Mitbrüder als »infirmi«, als Kranke und Schwache bezeichnet. Daher vergleicht er den Dienst des Abtes mit dem eines erfahrenen Arztes und eines aufmerksamen Hirten (vgl. RB 27;28). Niemand soll zugrunde oder verloren gehen. Dazu braucht es die nachgehende Sorge ebenso wie die heilende Therapie. So wird das Kloster, das bisweilen einem Krankenhaus gleicht, zum Hause Gottes. Freilich gilt das, was Benedikt über den Abt schreibt, für alle Mönche, die in irgendeiner Weise Verantwortung für Menschen tragen. Wer sich um das Heil sorgt, indem er sucht, nachgeht und Zuwendung schenkt, der verheutigt Gottes Großherzigkeit.

Die Sorge des Abtes für die Ausgeschlossenen

Benediktsregel (RB) Kapitel 27, Vers 1-9

»Mit größter Sorge muss der Abt sich um die Brüder kümmern, die sich verfehlen, denn nicht die Gesunden brauchen den Arzt, sondern die Kranken. Daher muss der Abt in jeder Hinsicht wie ein weiser Arzt vorgehen. Er schicke Senpekten, das heißt ältere weise Brüder. Diese sollen den schwankenden Bruder im persönlichen Gespräch trösten und ihn zu Demut und Buße bewegen. Sie sollen ihn trösten, damit er nicht in zu tiefe Traurigkeit versinkt. Es gelte, was der Apostel sagt: ›Die Liebe zu ihm soll erstarken.‹ Alle sollen für ihn beten. Der Abt muss sich sehr darum sorgen und mit Gespür und großem Eifer danach streben, dass er keines der ihm anvertrauten Schafe verliert. Er sei sich bewusst, dass er die Sorge für gebrechliche Menschen übernommen habe, nicht die Gewaltherrschaft über gesunde. Er fürchte das Drohwort des Propheten, durch das Gott sagt: ›Was fett schien, habt ihr euch genommen, was schwach war, habt ihr weggestoßen.‹ Er ahme den Guten Hirten mit seinem Beispiel der Liebe nach: Neunundneunzig Schafe ließ er in den Bergen zurück und machte sich auf, um das eine verirrte Schaf zu suchen. Mit dessen Schwäche hatte er so viel Mitleid, dass er es auf seine heiligen Schultern nahm und so zur Herde zurücktrug.«

Heute noch wirst du mit mir im Paradies sein

Lukasevangelium Kapitel 23, Vers 39–43

»Einer der Verbrecher, die neben Jesus hingen, verhöhnte ihn: Bist du denn nicht der Messias? Dann hilf dir selbst und auch uns! Der andere aber wies ihn zurecht und sagte: Nicht einmal du fürchtest Gott? Dich hat doch das gleiche Urteil getroffen. Uns geschieht recht, wir erhalten den Lohn für unsere Taten; dieser aber hat nichts Unrechtes getan. Dann sagte er: Jesus, denk an mich, wenn du in dein Reich kommst. Jesus antwortete ihm: Amen, ich sage dir: Heute noch wirst du mit mir im Paradies sein.«

Heute im Paradies sein

»Ferienparadiese zum Sonderangebot«, so lautet die Aufschrift eines Reisekatalogs, in dem besondere Urlaubsschnäppchen durch Frühbucherrabatte versprochen werden. Beim Durchblättern der ansprechenden Seiten kommen Urlaubsgefühle auf, die wir wahrscheinlich alle kennen. Wer von uns träumt nicht im Druck und Stress des Berufslebens von sorgenfreien, glücklichen Ferientagen? Wer wünscht sich bisweilen nicht ins Paradies von Sonne und Strand, von Meer und Palmen, um auf einer einsamen Südseeinsel den Alltag für eine Zeit hinter sich zu lassen? Und wenn das alles noch zu günstigen Konditionen versprochen wird, wer greift da nicht gerne zum Kalender, um erste Schritte zu planen?

An unseren Urlaubsträumen wird deutlich, dass die »Sehnsucht nach dem Paradies« tief in unserem Herzen steckt. Es ist die Sehnsucht nach der heilen Welt, in der wir rundum glücklich sind. Es ist die Sehnsucht nach Leben in Fülle, das keine Sorgen kennt. Bei einem Treffen mit Jugendlichen habe ich diese gefragt, was ihnen zu dem Satz einfällt: »Heute noch wirst du mit mir im Paradies sein!« Eine junge Frau meinte, dass dies wohl ein Mann zu seiner Freundin sagen könnte kurz vor dem Abflug in den wohlverdienten Urlaub. Mir hat die Antwort gefallen, da sie einen Übergang beschreibt vom Alltag in die Freizeit. Auch wenn der Satz beim Evangelisten Lukas in einem ganz anderen Zusammenhang steht, geht es auch bei ihm um einen Übergang, der uns Menschen die Lebensfülle schlechthin bietet.

in berechtigter Hoffnung

Wenn wir die fünfte Szene betrachten, in der der Evangelist Lukas vom »Heute« spricht, dann stellt diese zunächst ein grausames Kontrastbild zu unseren paradiesischen Urlaubsträumen dar. Drei Männer werden als Verbrecher hingerichtet. Qualvoll müssen sie am Kreuz sterben. Einer von ihnen ist Jesus. Dieser ist am Ziel seines Weges, in Jerusalem angekommen. Auch hier provoziert er mit seiner Botschaft die religiösen Autoritäten seines Volkes. Auf ihr Drängen wird er festgenommen und von der römischen Staatsgewalt zum Tod verurteilt. Zusammen mit zwei Verbrechern wird der Rabbi aus Nazaret gekreuzigt. Rein oberflächlich betrachtet ist Jesus mit seiner Vision als Messias und seiner Mission vom Gnadenjahr völlig gescheitert. Am Kreuz wird er als Verbrecher öffentlich zur Schau gestellt. Nichts mehr ist zu spüren vom Glanz des Evangeliums in Betlehem. Auch der Anfangszauber, der ihn in der Synagoge von Nazaret umgab, ist längst verblasst. Der, der so souverän den Gelähmten zum Leben aufgerichtet und Zachäus neue Lebensperspektiven geschenkt hat, wird nun auf brutalste Weise aus dem Weg geräumt. Zu dritt hängen sie nebeneinander an ihren Kreuzen, sodass jeder sehen kann, in welche Gesellschaft sich Jesus mit seinen Provokationen gebracht hat. Lukas verbindet damit eine tiefere Botschaft. Die Kreuzigung ist in letzter Konsequenz Verheutigung der Primizpredigt Jesu. Für Gott ist keine Gesellschaft schlecht genug. Kein Mensch ist für ihn verloren, auch der nicht, der zu Recht als Verbrecher hingerichtet wird. Auch den widerlichsten Typen lässt Gott nicht allein. In seinem Sohn streckt er ihm am Kreuz seine Hand entgegen. An ihm erfüllt er, was der Prophet Jesaja schreibt: Er ließ sich unter die Verbrecher rechnen (vgl. Jes 53,7). Damit wird unterstrichen: Keiner ist abgeschrieben wegen seiner Schuld, weder die menschenverachtenden Tyrannen der Antike noch die brutalen Diktatoren und skrupellosen Terroristen unserer Zeit. Am Kreuz geht Jesus an die äußersten Ränder. In der Begegnung mit ihm bekommt der Mensch bis hinein in die Stunde seines Todes die Chance zur Umkehr. Das ist eine berechtigte Hoffnung für uns. Auch wenn ich verurteilt bin – zu Recht oder zu Unrecht –, behält Gott sich das letzte Wort vor. In Jesus ist er Mensch geworden, um allen zu leuchten, die in Finsternis sitzen und im Schatten des Todes, wie es zu Beginn des Lukasevangeliums heißt (vgl. Lk 1,79). Diesen Glauben an die Erlösung betont Lukas auf besondere Weise. Während bei Markus und Matthäus beide Verbrecher Jesus verspotten, bietet Lukas als einziger Evangelist eine differenziertere Sicht. Hier ist es nur einer, der Jesus verachtend zuruft: »Bist du denn nicht der Messias? Dann hilf dir selbst und hilf auch uns!« Der zweite Schächer nimmt dagegen eine andere Position ein. Doch bleiben wir zunächst bei den vorwurfsvollen und verachtenden Worten des ersten Mitgekreuzigten. In ihnen spiegelt sich die öffentliche Meinung wider, wie wir sie schon kennen: »Wenn dieser Jesus göttliche Vollmacht hätte, dann würde er nicht am Kreuz enden! Zumindest würde er jetzt zeigen, was er kann und sich und uns, die Mitgekreuzigten, spektakulär befreien.« Jesus soll unter Beweis stellen, was er kann. Am besten könnte dies durch ein spektakuläres Wunder geschehen. Das hatten schon die Einwohner seiner Heimatstadt Nazaret gefordert. Als starker Mann soll er das Heft in die Hand nehmen und die Macht an sich reißen. Ansonsten kann man diesem haltlosen Schwätzer nur mit Spott und Hohn begegnen. Noch am Kreuz wird Jesus auf die Probe gestellt. Aber all das scheint ihn nicht zu beeindrucken. Er geht einen anderen Weg. Er geht seinen Weg, wie wir an seinem Umgang mit dem zweiten Verbrecher sehen. Es ist der Weg des Vertrauens, der Umkehr und der Barmherzigkeit, nicht der Weg der Macht, der eine schnelle und billige Lösung anbietet. Eigentlich denkt der spöttische Verbrecher ganz praktisch. Er will die letzte Chance seines Lebens nutzen, um noch einmal seinen Kopf aus der Schlinge zu ziehen. Aber sein Spott im Unterton verdeutlicht, dass er offensichtlich kein Vertrauen zu Jesus hat. So unsympathisch uns dieser Mann auch sein mag, aber Hand aufs Herz, verhalten wir uns nicht manchmal ähnlich? Wie oft suchen wir den einfachsten Lösungsweg? Wie oft schieben wir die Verantwortung auf Gott und die Welt und vergessen dabei, bei uns selbst anzusetzen? Müsste sich nicht auch bei uns etwas verändern?

nach realistischer Selbstsicht

Daran erinnert uns in dieser Szene der zweite Verbrecher, der eine eindeutige Gegenposition einnimmt. Im Unterschied zum anderen ist sich dieser seiner Schuld bewusst: »Uns geschieht Recht, wir erhalten den Lohn für unsere Taten, dieser aber hat nichts Unrechtes getan.« Hier wird nichts schöngeredet oder schnell entschuldigt. Vielmehr hält er dem anderen noch den Spiegel vor, wenn er ihn fragt: »Nicht einmal du fürchtest Gott?« Gottesfurcht mag für uns heute ein antiquierter und befremdlicher Begriff sein. Bei manchen werden Fragen auftauchen, wie: »Müssen wir angesichts des Todes vor Gott Angst haben, weil es dann zum großen Strafgericht mit Heulen und Zähneknirschen kommt?« In der Benediktsregel gilt die Gottesfurcht als erste Stufe der Demut (vgl. RB 7,10). Demut bedeutet, wie wir schon zuvor bei Zachäus gesehen haben, für sich anzuerkennen, dass ich »Mensch« bin. Der demütige Mensch ist bodenständig, realitäts- und erdverbunden. Er vergisst nicht, dass sein Leben endlich ist, dass er tatsächlich irgendwann zur Erde zurückkehren wird (vgl. Gen 2,7). Der demütige Mensch weiß sowohl um seine Stärken als auch um seine Schwächen. Ihm ist bewusst, dass er weder perfekt noch absolut ist. Er ist fähig zur Selbstreflexion und erkennt, dass er ein Mensch mit Gelingen und Scheitern, mit Verdiensten und Schuldigbleiben ist. Der demütige Mensch steht mit beiden Füßen auf dem Boden der Realität. Er ist Geschöpf, Teil der Schöpfung, Teil der Erde. Nur so ist er fähig, sich nach einem Größeren, Absoluten und Grenzenlosen zu sehnen, spürt er etwas vom Wesen Gottes. »Nur wer mit beiden Füßen auf der Erde steht, der kann zum Himmel schauen!« So hat es ein verstorbener Mitbruder gerne formuliert. Diese Gedanken mögen eine große Herausforderung sein in einer Zeit, in der wir Menschen immer wieder denken, dass wir alles können, oder zumindest immer wieder darauf aus sind, alles in den Griff zu bekommen. Der demütige Mensch dagegen weiß, was er kann. Er ist sich aber auch im Klaren, dass er als Mensch nicht alles kann. Realitätsbewusst nimmt er seine Endlichkeit und Begrenztheit an. Wenn nun die Gottesfurcht für Benedikt die erste Stufe der Demut ist, dann meint das nicht, dass wir vor Gott Angst haben müssten. Vielmehr geht es darum, Gott als den anzuerkennen, der er ist. Er allein ist absolut. Ihm allein gegenüber habe ich mich einmal zu verantworten, und er wird alles richten. Wie er am Anfang alles geschaffen hat und feststellen konnte: »Es war sehr gut« (vgl. Gen 1,31), so wird er am Ende alles vollenden und wieder gut machen. Wenn wir in der Bibel vom Gericht lesen, dann meint das die Vollendung zum Guten. Dies kann ein schmerzlicher Prozess sein, wenn und weil ich in der Rückschau mein defizitäres Leben erkenne und sich Reue in meinem Herzen regt. Manchmal sagen wir ja, dass wir einen defekten Gegenstand zu einem Fachmann zum Richten bringen. Beim Gericht geht es also im übertragenen Sinn ebenfalls um Reparatur. Der Begriff Gottesfurcht umschreibt damit den Glauben, dass Gott im Bild gesprochen seine ganze Schöpfung einmal reparieren und zum Guten richten wird. So steht es im letzten Buch der Bibel, wo es heißt: »Seht, ich mache alles neu« (Offb. 21,5). Vor diesem seinem Können habe ich Ehrfurcht, da ich um meine Defizite weiß. Gottesfurcht umschreibt die Bereitschaft, dass ich mich von meinem Schöpfer richten und erneuern lasse, weil ich mir meiner Unzulänglichkeiten, meiner Fehler und meiner Schuld des Lebens bewusst bin. Letztlich bin ich auf einen gnädigen Richter angewiesen, der einmal voll Erbarmen und Nachsicht alles vollenden wird. Über seine Barmherzigkeit kann ich nur ehrfürchtig staunen. All das verdeutlicht uns Lukas in der Person des einsichtigen Verbrechers, der auch uns die Frage stellt: »Nicht einmal du fürchtest Gott?« So verstandene Gottesfurcht hat entlastende Funktion. Wenn für mich Gott der Vollkommene schlechthin ist, dann brauche ich es nicht mehr zu sein und darf dies von anderen Menschen auch nicht erwarten. Ich darf Mensch sein mit meinen Stärken und Schwächen. Indem ich Gott anerkenne und ihm gegenüber Ehrfurcht habe, weil er sämtliche Vorstellungen und Möglichkeiten übersteigt, wird mir bewusst, dass er, der Grenzenlose, alle unsere Begrenzungen durchbrechen kann. Daraus kann ein großes Vertrauen wachsen, das auch angesichts der letzten und entscheidenden Grenzen menschlichen Lebens – dem Tod – beruhigend zum Tragen kommt. Wer Gott vertraut, der kann sein Schicksal annehmen. Das bedeutet freilich auch, dass wir angesichts des Todes uns und Gott nichts mehr vormachen können. Alle meine Fehler und meine Schuld kann ich ihm »zum Richten« bringen. Durch demütige Selbstreflexion kann aus Gottesfurcht Gottvertrauen entstehen, wie es Lukas am zweiten Verbrecher aufzeigt. Mich berührt die kritische Selbstsicht dieses Mannes sehr. Angesichts seines Todes erkennt er seine Fehler und Schuld. In seiner Gottesfurcht wächst sein Gottvertrauen: »Auch ich bin nur ein Mensch, der letztlich auf die Barmherzigkeit Gottes angewiesen ist. Ich kann mich nicht selbst erlösen!« Die Szene am Kreuz ist eine kritische Anfrage an jeden von uns, wenn wir die Schuld nicht bei uns selbst suchen, sondern schnell auf andere verweisen: auf die Umstände, die Erziehung, die gesellschaftlichen Gegebenheiten oder was auch immer. Das mag ja auch alles mit hineinwirken, und doch können wir uns nicht einfach völlig exkulpieren. Welche Anteile habe ich dabei zu verantworten? Demütig wie dieser zweite Verbrecher am Kreuz müssen wir akzeptieren: Wir kommen nicht schuldlos durchs Leben. Wir werden verwundet und wir schlagen Wunden. Dies gilt es, sich immer wieder vor Augen zu führen. Selbstkritisch werden wir im Blick auf unsere je eigene Lebensgeschichte feststellen, wie viele Verstrickungen und Knoten es doch gibt, die wir selber nicht lösen können. Vor manchem Trümmerfeld müssen wir ratlos stehen und manche Wunden bleiben uns bis zum Lebensende. Sie vernarben nicht. Aus dieser reuevollen Erkenntnis kann die Sehnsucht nach einem barmherzigen Gott wachsen, der alles zum Guten richten wird, der alle Schuld vergibt und der uns von aller Last des Lebens und aller Erdenschwere erlöst mit den Worten: »Seht, ich mache alles neu« (Apk 21,5). Bei all unseren Erfolgen, bei allem, worüber wir uns dankbar freuen und worauf wir zu Recht stolz sein können, gilt es, wie der Schächer selbstkritisch, demütig und gottesfürchtig zu bleiben. »Nicht einmal du fürchtest Gott?« Diese Anfrage hilft, verantwortlich »im Heute« zu leben. Wenn Benedikt in seiner Regel Anforderungskriterien für Leitungsdienste in seinem Kloster benennt, dann spricht er stets von der Gottesfurcht (vgl. RB 31,2; 53,21; 64,1; 65,15; 66,4). Ein Verantwortungsträger muss sich stets bewusst sein, dass er trotz seiner gehobenen und vorgesetzten Stellung selbst nur ein Mensch ist und dies auch immer bleibt. Dieses Bewusstsein eigenen Ungenügens wird ihm helfen, mit den menschlichen Schwächen der ihm Anvertrauten umgehen zu können. An diese Verantwortung erinnert Benedikt den Cellerar, den wirtschaftlichen Leiter des Klosters, wenn er ihm Folgendes ins Stammbuch schreibt: »Er mache die Brüder nicht traurig. Falls ein Bruder unvernünftig etwas fordert, kränke er ihn nicht durch Verachtung, sondern schlage ihm die unangemessene Bitte vernünftig und mit Demut ab. (...) Vor allem habe er Demut. Kann er einem Bruder nichts geben, dann schenke er ihm wenigstens ein gutes Wort. Es steht ja geschrieben: Ein gutes Wort geht über die beste Gabe« (RB, 31,6-7,13-14). Wem es allerdings an dieser Demut fehlt, wer dagegen von sich absolut überzeugt ist, dem wird es wie dem uneinsichtigen Verbrecher geschehen, der für eine selbstkritische Reflexion blind geworden war. Der einsichtige Verbrecher ist sich seiner Schuld bewusst. Demütig wendet er sich an Jesus und bittet ihn: »Jesus, denk an mich, wenn du in dein Reich kommst!« Diese Worte sind wie ein Herzensgebet. Sie sind Ausdruck des tiefen Vertrauens, das ein Mensch einem anderen entgegenbringt. »Denk an mich!« Wir äußern diese Bitte beispielsweise vor einer schweren Operation gegenüber einem guten Freund, vor einer entscheidenden Prüfung, vor einem wichtigen Gespräch. »Denk an mich« bedeutet so viel wie begleite mich mit deinen Gedanken, sei mir nah mit deiner Kraft, zünde für mich in der Dunkelheit ein Licht an. In den Worten »Denk an mich« bündelt sich die ganze Sehnsucht eines Menschen, nicht in die absolute Vergessenheit zu geraten, sondern im Gedenken verbunden zu bleiben. Es ist die Sehnsucht nach Beistand und Nähe. Diese Bitte »Denk an mich« erinnert an einen Psalmvers, der zur Zeit Jesu oft als Sterbegebet und Grabinschrift verwendet wurde (vgl. Ps 106,4). Der einsichtige Verbrecher verheutigt dieses Schriftwort, indem er es in seiner ausweglosen Situation an Jesus bittend richtet. Mit seinem Gebet bringt er seine Hoffnung zum Ausdruck, dass der unschuldig Gekreuzigte, der neben ihm hängt, keinen Menschen vergisst, sondern über die Schwelle des Todes hinweg an ihn denkt. Für ihn ist Jesus der Herr, der seinem Volk beisteht und ihm hilft.

durch vertrauensvolles Loslassen

All das, was schon in den vorausgehenden »Heute-Worten« ausgesprochen wurde, gipfelt in der Antwort Jesu auf diese Bitte. Es sind die letzten Worte, die Jesus im Lukasevangelium an einen Menschen richtet. Damit bekommen sie als bleibendes Vermächtnis und Testament ein ganz besonderes Gewicht. Sehr feierlich beginnt Jesus: »Amen, ich sage Dir!« Hier spricht nicht einer, der jämmerlich am Kreuz stirbt, sondern einer, der Vollmacht hat und sich dessen bewusst ist. Es ist gleichsam der hoheitliche Akt eines Souveräns. Der Richter verkündet feierlich den Gnadenakt: »Trotz seiner Schuld wird der Angeklagte begnadigt: Er ist frei!« Ihm wird ein neues Leben geschenkt. So wird das Kreuz zum Thron der Gnade: »Heute noch wirst du mit mir im Paradies sein!« Das bedeutet: »Ich denke an dich. Ich lasse dich nicht fallen. Ich halte an dir fest.« »Du wirst mit mir sein!« Wir können diesen Gedanken erweitern: »Auch im Tod lasse ich dich, Mensch, nicht allein. Denn in mir ist der Name Gottes, ›Jahwe – Ich bin da‹, Mensch geworden. In mir ist Gott für den Menschen da, im Leben wie auch im Tod. Du wirst mit mir sein. Auch wenn du den Tod durchschreiten musst, strecke ich dir meine Hand entgegen.« So wie Kinder in der Dämmerung die Hand der Eltern ergreifen und spüren, in aller bedrohlichen Dunkelheit sind meine Mama und mein Papa bei mir. So streckt uns in Jesus Gott seine Hand entgegen. Damit strahlt mitten in der Todesnacht des Karfreitags ein Stück weit der Ostermorgen schon auf. Dieses »Heute noch« ist keine billige Vertröstung auf die Ewigkeit, auch nicht auf das Morgen. Es bedeutet vielmehr: »Heute noch fangen wir neu an. Alles wird dann so sein, wie es ursprünglich am Anfang im Paradiesgarten war. Es war gut und es wird gut (vgl. Gen 1,31). Heute noch lassen wir, wie beim Start in den Urlaub, alles hinter uns und begeben uns in eine neue Welt.« Diese Szene am Kreuz ist eine tiefe Glaubensaussage. Gott geht uns immer nach, aber er drängt sich niemals auf. In aller Konsequenz respektiert er unsere Freiheit bis zum Lebensende. Wer aber wie dieser einsichtige Verbrecher Jesus sein Vertrauen schenkt und – sei es in der letzten Minute seines Lebens – die rettende Hand Gottes ergreift, dem öffnet sich das Paradies, den nimmt er mit in die ursprüngliche Lebensfülle, in die er den Menschen einstmals hineingestellt hat. So wird mit diesem »Heute-Wort vom Paradies« an das Schöpfungswerk Gottes erinnert. Im ersten Buch der Bibel wird beschrieben, dass am Anfang Gott die Welt als einen schönen Garten anlegt (vgl. Gen 1-2). Gerade für die Völker des Orients sind Gärten ein ausdrucksstarkes Bild für Lebensfülle und Lebensvielfalt. Das Wort »Paradies« kommt ja aus dem Persischen und bezeichnet die Palastgärten, die sich Herrscher anlegten. Eine unüberschaubare Vielfalt an Tier- und Pflanzenarten wurde dort gehegt und gehalten, um so den souveränen Machtanspruch des Herrschers über alles Leben zu unterstreichen. Wenn nun Jesus am Kreuz vom Paradies spricht, dann ist das die Lebensfülle des Anfangs und der ursprüngliche Heilszustand. Damit wird in Bildform ausgesagt, dass Jesus souveräner Herr über Leben und Tod ist. Aus dem Verbrecher soll im Paradies ein neuer Mensch werden. Die Zusage »Heute noch wirst du mit mir im Paradies sein« ist damit keine Vertröstung auf das Jenseits. Sie ist vielmehr für ihn und für jeden Menschen Jesu bleibende Lebensverheißung. Daher kann es hilfreich sein, in diese Zusage Jesu den eigenen Namen einzufügen: »Julia/ Sebastian, heute noch wirst du mit mir im Paradies sein!« Damit kommen wir in die klösterliche Tradition, sich täglich den Tod vor Augen zu führen. So fordert es auch Benedikt in seiner Regel (vgl. RB 4,47). Dabei geht es nicht um ein Angstmachen vor dem Tod. Die Verheutigung des Todes soll vielmehr helfen, dass das Hier und Jetzt kostbar und wertvoll wird, ja, dass meine Gegenwart eine ganz neue Qualität bekommt. Angesichts meiner Endlichkeit wird mir bewusst, was für mich wichtig ist, wofür ich dankbar sein soll, was mir Lebensfreude bedeutet. All das darf ich mir für das Paradies erhoffen. Wenn wir uns den Tod vergegenwärtigen, dann wird uns bewusst, dass unser Leben endlich und begrenzt ist. Manche Sorgen und Probleme relativieren sich. Alles aber, was erlösungsbedürftig ist, was ich an Sünde und Schuld auf mich geladen habe, gilt es, Gottes Barmherzigkeit anzuvertrauen. Und vor allem stellt sich die Frage, was wir loslassen sollten, damit wir dem Auferstandenen mit offenen Händen begegnen können. Meine Großtante, die Ordensschwester war, hat in ihrem Leben viel gearbeitet und geleistet. Als ihre Kräfte nachließen, verstand sie es stets, auch wenn es ihr manchmal schwer fiel, eine Aufgabe rechtzeitig abzugeben. Das war für sie bestimmt nicht immer einfach und beeindruckt mich heute noch. Vor ihrem Tod hat sie mir ihr Lebensgeheimnis anvertraut: »Weißt du, in der Ewigkeit braucht es nicht abgearbeitete, sondern vorbereitete Menschen!« Zum Vorbereitetsein gehört wesentlich das vertrauensvolle Loslassen dazu. Auch dadurch üben wir die »Verheutigung des Todes« ein. Dabei kann es eine große

Herausforderung sein, gerade an Menschen zu denken, mit denen wir im Leben unsere Schwierigkeiten und Probleme hatten, die uns verletzt und verwundet haben. Auch ihnen gilt Gottes Liebe und sein Gnadenangebot. Von Karl Barth (1886-1968), dem bedeutenden evangelischen Theologen, wird dazu eine schöne Anekdote erzählt. Bei einem Abendessen in vornehmer Gesellschaft wurde er von einer Dame gefragt, ob sie denn in der Ewigkeit all ihre Lieben wieder sehen würde. Karl Barth soll ihr trocken geantwortet haben: »Ich denke schon, gnädige Frau, aber die anderen auch, die anderen auch!« Die Szene Jesu am Kreuz mit den beiden Verbrechern erinnert an die Geschichte vom barmherzigen Vater und seinen ungleichen Söhnen (vgl. Lk 15,11-32). Auch sic ist Eigengut des Lukasevangeliums. Nachdem der jüngere Sohn sein ganzes Erbe verschleudert hatte und dann schuldbewusst zu seinem Vater zurückgekehrt war, wird er trotz seiner Vergehen freudig von diesem aufgenommen. In seiner Freude lässt der Vater den zurückgekehrten Sohn neu einkleiden und schenkt ihm einen wertvollen Ring. Er gibt Anweisung, dass das Mastkalb geschlachtet und alles für ein großes Willkommensfest vorbereitet wird. Seine überschwängliche Freude kennt offensichtlich keine Grenzen. Verständlicherweise provoziert diese Großherzigkeit des Vaters den älteren Sohn, der immer brav daheim geblieben war. Wer von uns könnte da nicht mitfühlen? Daher versucht der Vater ihm den Blick zu weiten, indem er ihm erklärt: »Mein Kind, du bist immer bei mir, und alles, was mein ist, ist auch dein. Aber jetzt müssen wir uns doch freuen und ein Fest feiern; denn dein Bruder war tot und lebt wieder; er war verloren und ist wiedergefunden worden« (Lk 15,31 f.). Ob der ältere Bruder dadurch zur Umkehr geführt wird, bleibt in der Geschichte offen. Das Gleiche gilt für den anderen Verbrecher. Auch hier wird wiederum das Entscheidende deutlich. Bis zur letzten Konsequenz respektiert Gott die Freiheit von uns Menschen. Ohne sich aufzudrängen, geht er aus Liebe an den äußersten Rand des Lebens, um zu suchen und zu retten, was verloren ist, auch heute noch. Denn jedem von uns gilt Jesu Zusage am Kreuz: »Du bist zu retten, Mensch, wenn du willst, in jeder Lebensminute, auch in der letzten: Heute!«

Benediktinische Verheutigung

Mönche leben mit dem Tod. Zwar schlafen wir nicht in Särgen, wie manche annehmen. Aber der Tod gehört wesentlich zu unserem Leben dazu. Im Kapitel über die Fastenzeit schreibt Benedikt, dass wir mit geistlicher Sehnsucht und Freude das heilige Osterfest erwarten sollen (vgl. RB 49,7). Hier wird nicht nur eine jährliche Übung, sondern eine Lebenseinstellung beschrieben. Wir erwarten unser Osterfest, und wie die Fastenzeit dient das Leben zur Vorbereitung. So gilt es, das Loslassen wie beim Fasten einzuüben, indem wir versuchen, ganz Gott zu vertrauen. Das mag nicht immer gelingen, da wir oft an unsere Grenzen stoßen. Am Ende des Kapitels über die Werkzeuge der geistlichen Kunst empfiehlt daher Benedikt: »An Gottes Barmherzigkeit niemals verzweifeln« (vgl. RB 4,74). Mit all unseren Verfehlungen und Unzulänglichkeiten, mit all unserer Schuld streckt uns der Auferstandene stets seine Hand entgegen. Das ist die geistliche Sehnsucht und Freude, die sich heute und in der Stunde unseres Todes uns erfüllen kann.

Die Werkzeuge der geistlichen Kunst

Benediktsregel (RB) Kapitel 4, Verse 41–50; 71–74

»Seine Hoffnung Gott anvertrauen. Sieht man Gutes bei sich, es Gott zuschreiben, nicht sich selbst. Das Böse aber immer als eigenes Werk erkennen, sich selbst zuschreiben. Den Tag des Gerichtes fürchten. Vor der Hölle erschrecken. Das ewige Leben mit allem geistlichen Verlangen ersehnen. Den unberechenbaren Tod täglich vor Augen haben. Das eigene Tun und Lassen jederzeit überwachen. Fest überzeugt sein, dass Gott überall auf uns schaut. Böse Gedanken, die sich in unser Herz einschleichen, sofort an Christus zerschmettern und dem geistlichen Vater eröffnen. (...) Die Älteren ehren, die Jüngeren lieben. In der Liebe Christi für die Feinde beten. Nach einem Streit noch vor Sonnenuntergang zum Frieden zurückkehren. Und an Gottes Barmherzigkeit niemals verzweifeln.«

Wenn wir heute wegen einer guten Tat vernommen werden

Apostelgeschichte des Lukas, Kapitel 4, Vers 1–14

»Während Petrus und Johannes zum Volk redeten, traten die Priester, der Tempelhauptmann und die Sadduzäer zu ihnen. Sie waren aufgebracht, weil die Apostel das Volk lehrten und in Jesus die Auferstehung von den Toten verkündeten. Sie nahmen sie fest und hielten sie bis zum nächsten Morgen in Haft. Es war nämlich schon Abend. Viele aber, die das Wort gehört hatten, wurden gläubig; und die Zahl der Männer stieg auf etwa fünftausend. Am anderen Morgen versammelten sich ihre Führer sowie die Ältesten und die Schriftgelehrten in Jerusalem, dazu Hannas, der Hohepriester, Kajaphas, Johannes, Alexander und alle, die aus dem Geschlecht der Hohenpriester stammten. Sie stellten die beiden in die Mitte und fragten sie: Mit welcher Kraft oder in wessen Namen habt ihr das getan? Da sagte Petrus zu ihnen, erfüllt vom Heiligen Geist: Ihr Führer des Volkes und ihr Ältesten! Wenn wir heute wegen einer guten Tat an einem kranken Menschen darüber vernommen werden, durch wen er geheilt worden ist, so sollt ihr alle und das ganze Volk Israel wissen: im Namen Jesu Christi, des Nazoräers, den ihr gekreuzigt habt und den Gott von den Toten auferweckt hat. Durch ihn steht dieser Mann gesund vor euch. Er [Jesus] ist der Stein, der von euch Bauleuten verworfen wurde, der aber zum Eckstein geworden ist. Und in keinem anderen ist das Heil zu finden. Denn es ist uns Menschen kein anderer Name unter dem Himmel gegeben, durch den wir gerettet werden sollen. Als sie den Freimut des Petrus und des Johannes sahen und merkten, dass es ungelehrte und einfache Leute waren, wunderten sie sich. Sie erkannten sie als Jünger Jesu, sahen aber auch, dass der Geheilte bei ihnen stand; so konnten sie nichts dagegen sagen.«

Heute gefragt sein

Als ich vor einiger Zeit bei einer Führung durch unser Kloster Andechs einer Gruppe evangelischer Pfarrer unseren umfangreichen Reliquienschatz zeigte, fragte einer der Teilnehmer: »Haben Sie auch den Stein, den die Bauleute verworfen haben?« Mich hat diese humorvolle Nachfrage nachdenklich gestimmt, da sie tiefgründig ist. Ja, letztlich kommt es darauf an, dass wir diesen Stein haben. Selbstredend braucht es für Nicht-Theologen dafür eine Erklärung. In Psalm 118,22 ist von einem Stein die Rede, der für die Bauleute unbrauchbar war, aber von Gott auserwählt wurde. Gemeint ist damit das Volk Israel, das sich Gott als besonderes Eigentum erwählte, obwohl es im Vergleich zu seinen mächtigen Nachbarn als unbedeutend galt. Dieses Bild des verworfenen Steins wurde von den ersten Christen auf Jesus, den Auferstandenen übertragen (vgl. Mt 21,42; Apg 4,11; 1 Petr 2,47). Von den Autoritäten seines Volkes wurde Jesus abgelehnt und verkannt, wie ein Stein, den man für einen Bau nicht gebrauchen kann. Aber von Gott wurde er ausgewählt. Er hat ihn von den Toten auferweckt und ihn so zum Grundstein, Eckstein und Schlussstein seines Hauses gemacht. Der Auferstandene ist der Grundstein, der als Fundament den Neubau des Glaubens trägt. Damit wird er auch zum Eckstein, an dem die Wände, das heißt das Leben sich ausrichtet. Ebenso ist er Schlussstein, der das Gewölbe, also alles zusammenhält. Das ist der österliche Glaube, den die Jünger verkünden, und weswegen sie vom Hohen Rat zur Rede gestellt werden.

mit bewegendem Glauben

Wenn wir diese Szene aus der Apostelgeschichte betrachten, dann erscheint sie wie eine Zusammenfassung der »fünf Heute-Worte« des Evangeliums. Das, was Jesus seine Jünger gelehrt hat, verheutigen diese in ihrem Leben. Im Glauben an den Auferstandenen wird geradezu Unmögliches möglich. Deswegen werden Petrus und Johannes vor dem Hohen Rat zur Rede gestellt. Ihrer Vernehmung geht ein spektakuläres Wunder voraus, das die beiden Apostel an der Schönen Pforte des Jerusalemer Tempels gewirkt hatten (vgl. Apg. 3). Zu zweit, das heißt miteinander sind sie ausgesandt. Sie heilen dort einen Gelähmten. Damit kommt es zu einer erneuten Verheutigung des Wunders Jesu, welches die beiden mit ihm nach ihrer Berufung in Galiläa erlebt haben. So stehen sie ganz in der Nachfolge und Tradition ihres Meisters. Wie Jesus richten sie einen Gelähmten auf, sodass er wieder in die Gänge kommt und sich neu bewegen kann. Täglich wurde er bis dato vor den Tempel gesetzt, um dort zu betteln. Das bedeutet, er sollte mit seinem Handicap nicht anderen auf der Tasche liegen. Vielmehr sollte er etwas auf die »Mitleidstour« einbringen. Wie oft begegnen uns in unseren Städten solche Menschen, die vor einem Kaufhaus oder einer Kirche sitzen und betteln. Ebenso erinnert der Gelähmte an Menschen, die einfach funktionieren müssen, um etwas einzubringen. Ich denke an Frauen und Männer, die, um den Lebensunterhalt für ihre Familien zu bestreiten, oft menschenunwürdige Arbeitsverhältnisse in Kauf nehmen. Mir kommen Menschen in den Sinn, die uns täglich begegnen oder vor unsere Tür gelegt werden, die um Anerkennung, um ein gutes Wort, um materielle Unterstützung und vieles andere mehr bitten. Das wird bei uns in St. Bonifaz in München zur festen Erfahrung. Von meinem Büro aus schaue ich direkt auf die Pforte unseres Obdachlosenhauses, zu dem tagtäglich ca. 200 Hilfsbedürftige kommen. Auch sie finde ich in dem Gelähmten wieder. Petrus und Johannes gehen, wie es bei frommen Juden üblich ist, um die neunte Stunde zum Gebet in den Tempel. Erfüllt und gestärkt durch den Geist Gottes, den sie am Pfingsttag empfangen haben, machen sie sich auf den Weg. Motiviert wie Jesus, der am Sabbat die Synagoge von Nazaret besucht, sind auch sie ganz in der Tradition ihres Volkes verwurzelt. Hier begegnen sie dem Gelähmten, der sie um ein Almosen bittet. Wie oft wird er wohl schon erlebt haben, dass Menschen ihn übersehen oder schnell wegsehen, um ihm nichts geben zu müssen. Manche werden ihn auch beschimpft haben. Petrus und Johannes wählen einen anderen Weg. Sie sehen nicht weg. Sie tun das, was sie von Jesus gelernt haben. Ausdrücklich wird erwähnt, dass Petrus den Bettler anschaut und ihn auffordert: »Sieh mich an!« Petrus schenkt dem Gelähmten Ansehen und will über den ersten Blickkontakt mit diesem in eine tiefere Beziehung eintreten. »Silber und Gold besitze ich nicht. Doch was ich habe, das gebe ich dir!« Ansehen und Ansprechen bewegt im Innersten, heilt und macht schön. Ein Abspeisen mit ein paar Münzen heilt dagegen nicht. Doch: »Was ich habe, das gebe ich dir!« Das kann vieles sein: Liebe, Aufmerksamkeit, Mitgefühl, Geduld, Zuneigung, Zuhören. Mit meinen Möglichkeiten lasse ich mich auf dich ein. Mich berührt diese Szene sehr. All das, was Jesus seinen Aposteln geschenkt hat, geben Petrus und Johannes an den

Gelähmten weiter. Mit bewegendem Glauben wenden sie sich ihm zu. Nichts anderes ist unsere Aufgabe heute.

nach dem wahren Grund

»Im Namen Jesu Christi, des Nazoräers, geh umher!« Wiederum ist es der Glaube, der einen Gelähmten aufrichtet. Es ist der Glaube, dass der Auferstandene zur Auferstehung verhilft. Das ist die tatkräftige Unterstützung, die Petrus diesem Mann zukommen lässt, wenn er ihn an der rechten Hand packt und aufrichtet. So darf der Gelähmte mit seiner Heilung erfahren: »Christ der Retter ist da – in dieser neunten Stunde – heute an der Schönen Pforte!« Zusammen mit den beiden Aposteln geht der Geheilte in den Tempel. Dort singt und springt er voll Freude und lobt Gott aus ganzem Herzen. Wie einst die Hirten, so hat auch ihn die barmherzige Liebe Gottes heimgesucht. Das kann er nicht für sich behalten. Wiederum sind Verwunderung und Staunen bei den Führern des Volkes die Reaktion. Bei seiner Erläuterung, in der Petrus ihnen die Heilung erklärt, stellt er Jesus, den Auferstandenen, in die Mitte seiner Verkündigung. Letztlich hat Jesus dem Gelähmten durch die Hand des Petrus zur Heilung verholfen: »Den Urheber des Lebens«, oder wie man besser übersetzen könnte: »Den Anführer zum Leben, den habt ihr getötet, aber Gott hat ihn von den Toten auferweckt!« Das ist der Stein, den zwar die Bauleute verworfen haben. Er ist zum Grundstein geworden, der Sicherheit und Festigkeit gibt. Mit dem Gelähmten dürfen auch wir uns dankbar an Menschen erinnern, die uns in schweren Lebenslagen Kraft geschenkt, uns an der Hand gepackt und uns aufgerichtet haben. Wir dürfen weiter fragen: In welchem Wort, in welcher Begegnung hat mich Jesus, der Anführer zum Leben, bewegt? Über all diese Erfahrungen von Auferstehung dürfen wir uns freuen und sollen sie an andere weitergeben. Das Auferstehungswunder weckt Widerstand. Auch das ist nichts Neues. Zunächst sind es die Sadduzäer, eine Gruppe des Volkes, die die Auferstehung der Toten leugnen. Sie lassen Petrus und Johannes verhaften. Am nächsten Morgen sind alle Autoritäten des Hohen Rates versammelt. Die beiden Apostel werden von ihnen zur Rede gestellt: »Mit welcher Kraft oder in wessen Namen habt ihr das getan?« Sie werden nach der konkreten Ursache befragt. Petrus, erfüllt vom Heiligen Geist, nutzt jetzt die Chance zum Zeugnis. Der Auferstandene, der vermeintlich verworfene Stein, gibt Petrus Stand und Freimut, indem er die Szene fast ins Lächerliche zieht:

»Wenn wir heute wegen einer guten Tat vernommen werden!« Eigentlich wäre Lob und Anerkennung nach solch einem Werk angebracht und keine misstrauische Vernehmung. Aber was kann den beiden Aposteln Besseres geschehen, als dass sie wegen dieser guten Tat vernommen werden? »Durch den Auferstandenen steht dieser Mann gesund vor euch da!« Damit stellt Petrus erneut Jesus, den Auferstandenen, in die Mitte seines Wirkens und seiner Verkündigung. Das sollten wir von ihm lernen. Niemals geht es um uns oder unsere Anerkennung, sodass wir uns in die Mitte stellen. Es geht um Jesus, den Anführer des Lebens, der immer Fundament, Eckstein und Schlussstein ist, damals wie heute!

aufgrund unerschrockenen Freimuts

Das Zeugnis von Petrus und Johannes beeindruckt die jüdischen Autoritäten, weil die beiden Apostel nichtstudierte, einfache Leute sind. Hier wird wiederum deutlich, was der Glaube an Jesus bewirken kann, wenn Menschen begreifen: »Jesus ist einer von uns.« Mit »Freimut« verkünden die beiden Jünger den Auferstanden. Dies ist ein Lieblingswort der Apostelgeschichte, mit dem sie auch der Evangelist Lukas beendet, wenn es dort von Paulus heißt: »Er verkündete das Reich Gottes und trug ungehindert die Lehre über Jesus Christus, den Herrn vor mit allem Freimut« (Apg. 28,31). Freimut meint Offenheit und Unerschrockenheit, die keine Angst vor Repressalien kennt. Wer freimutig ist, mutet völlig frei dem anderen etwas zu. In aller Öffentlichkeit wird so deutlich, zu was der Glaube an den Auferstandenen befähigt. Dieses freimütige Zeugnis der Apostel vom Auferstandenen soll heute durch uns weitergetragen werden. Dazu bedarf es keines besonderen Studiums – außer dem Vertrauen, dass der Stein, den die Bauleute verworfen haben, zum Eckstein geworden ist. Mit Freimut gilt es, dieses Evangelium, wie es Petrus und Johannes taten, zu verkünden. Schließlich sagen die beiden: Es kann uns nichts Besseres widerfahren, als dass wir heute wegen einer guten Tat vernommen werden. Was das bedeutet, haben mir vor einigen Jahren Jugendliche auf sehr eindrückliche Weise beigebracht, als ich zu Gast beim Jugendforum in Freising tätig war. Dort gab es verschiedene Workshops, die sich mit unterschiedlichen Themen beschäftigten. Ich wurde der Arbeitsgruppe mit dem Motto »Jugendmission im Dekanat Miesbach« zugeteilt. Zunächst dachte ich, dass es wohl in der Gruppe darum gehen werde, wie man Jugendlichen im oberbayerischen Dekanat der Gemeinde Miesbach den Glauben nahebringt und sie dadurch missioniert. Ich vermutete evangelikale, charismatische Praktiken. Doch ich wurde eines Besseren belehrt. Referenten unserer Gruppe von ca. 15 Teilnehmern waren eine junge Frau und ein junger Mann. Beide waren etwa 20 Jahre alt und stammten aus dem Dekanat Miesbach. Der junge Mann erzählte, dass er vor einiger Zeit wieder sonntags im Gottesdienst war und dabei das Evangelium von der Aussendung der 72 Jünger verkündet wurde (vgl. Lk 10,1 ff.). Ihn habe es beeindruckt, wie Jesus diese jeweils zu zweit aussendet und ihnen aufträgt, nichts auf ihren Weg mitzunehmen. »Cool«, dachte er sich, »warum sollte er es nicht auch wie die Jünger ausprobieren, heute das Evangelium ernst zu nehmen?« Und so tat er sich mit anderen Jugendlichen zusammen, um es den Jüngern gleichzutun. Gemeinsam wollten sie sich auf den Weg machen durch ihren Landkreis. Bei einem Vorbereitungstreffen wurde vereinbart, was sie mitnehmen wollten und was nicht: Wäsche zum Wechseln, Regenkleidung, Schlafsack, aber kein Geld, keine Nahrungsmittel, keine Handys. Am Pfingstmontag machten sie sich vormittags auf den Weg und, da schönes Wetter war, vergnügten sie sich zunächst an einem See. Als am Mittag langsam Hunger aufkam, gingen sie in die nächste Ortschaft und klingelten an den Haustüren. Gegen eine geringe Bezahlung boten sie sich für kleine Arbeiten an wie Rasenmähen oder Autowaschen. Auf die Frage: »Für wen sie denn das Geld sammelten?« antworteten sie: »Für uns! Wir nehmen das Evangelium ernst und sind wie die Jünger ohne Geld aufgebrochen.« In kürzester Zeit hatten sie ein reiches Mittagessen beieinander und eine Übernachtungsmöglichkeit. Interessante Begegnungen und anregende Gespräche ergaben sich bis spät in die Nacht. Am nächsten Tag ging es weiter. Sie wanderten über Land und kamen an einem Bauernhof vorbei. Eine ältere Frau, die im Garten arbeitete, fragte sie: »Wohin wandert ihr denn?« Die Jugendlichen antworteten: »Wir haben kein Ziel. Wir nehmen das Evangelium ernst.« Sofort wurden sie eingeladen, bei ihr zu bleiben. Am Abend taten sie mit bei der Stallarbeit und erfuhren die Lebens- und Glaubensgeschichte dieser Frau. Freilich erfuhr auch die Frau, was letztlich die Jugendlichen bewegte. Am darauffolgenden Tag kamen sie an einen Bahnhof, wo sie mit der Gitarre Musik machten und Lieder sangen. »Für wen sammelt ihr denn?« wurden sie von den Wartenden gefragt. Ihre Antwort: »Wir nehmen das Evangelium ernst!« Wiederum kam es zu interessanten Gesprächen und tiefen Begegnungen. So ging es weiter … Mich hat an diesem Nachmittag die spannende und ereignisreiche Berichterstattung der beiden Jugendlichen sehr fasziniert. Ich hätte ihnen stundenlang zuhören können. Doch dann stellten sie uns, den Teilnehmern des Workshops, die entscheidende Frage: »Und ihr, wie könnt ihr heute das Evangelium ernst nehmen? Welche Ideen habt ihr hier für das Jugendforum?« Zunächst war betretenes Schweigen, bis zwei junge Frauen davon erzählten, dass sie gerade einen Tanzkurs absolviert hätten. Hier beim Jugendforum sei vieles steif und unbeweglich. Es wäre doch eine tolle Idee, wenn sich nach den Workshops die ca. 800 Teilnehmer zusammen mit dem Erzbischof in der Aula des Domgymnasiums treffen würden, dass dieses Plenum zum Tanzen gebracht würde.

Das ginge ganz einfach. Wir müssten einfach mit dem Tanzen anfangen und dann im Schneeballsystem neue Tänzer motivieren. Nun, eigentlich tanze ich ganz gerne, aber ich muss gestehen, dass sich in mir Widerstände regten: »Ich im Ordensgewand tanzen und das noch vor dem Erzbischof? Besser nicht!« Also versuchte ich den Jugendlichen ihre Idee auszureden. Doch diese ließen sich nicht davon abbringen. Vielmehr wurde ich beauftragt, die Organisatoren dazu zu bringen, ihre Musik, die die Jugendlichen dabeihatten, über die Mikrofonanlage einzuspielen. Gesagt, getan. Eigentlich ging alles ganz schnell. Am Anfang kostete es mich ehrlich gesagt schon Überwindung, aber dann habe ich mich anstecken lassen von der Begeisterung der Jugendlichen. Binnen kürzester Zeit tanzte das ganze Jugendforum. Es wurde zu einem lebendigen Zeichen von Zusammengehörigkeit. Für mich ist das nach wie vor ein schönes Bild für die Kirche, wenn wir frei nach Galileo Galilei (1564-1641) feststellen: »Und sie [die Erde/die Kirche] bewegt sich doch!« Was könnten wir wie Petrus und Johannes doch alles bewegen, wenn wir das Evangelium wirklich ernst nehmen und es unerschrocken mit Freimut verkünden – heute.

Benediktinische Verheutigung

Freunde kann man sich aussuchen, Brüder nicht. Das trifft selbstredend auch auf eine klösterliche Gemeinschaft zu. Manchen Mitbrüdern steht man näher, mit anderen tut man sich eher schwer. Leben in Gemeinschaft bedeutet, die Nächstenliebe radikal ernst zu nehmen, weil der Mönch lernen muss, seinen Mitbruder gerade auch in seinen Schwächen zu tragen oder bisweilen zu ertragen. Diese Geduld, die Ausdruck von alltäglicher Bruderliebe ist, legt Benedikt seiner Gemeinschaft im vorletzten Kapitel seiner Regel ans Herz (vgl. RB 72). Es ist gleichsam sein geistliches Testament. Jeden Tag neu sind wir Mönche gefragt, diesen Dienst aneinander zu erfüllen, auch wenn es manchmal mühsam ist. Doch letztlich, so Benedikt, ist die Bruderliebe Gottesdienst. Wenn ein Mensch mit seinen Schwächen geachtet wird, dann steht im »alltäglichen Heute« Christus lebendig in unserer Mitte.

Der gute Eifer der Mönche

Benediktsregel (RB) Kapitel 72, Vers 1–12

»Wie es einen bitteren und bösen Eifer gibt, der von Gott trennt und zur Hölle führt, so gibt es den guten Eifer, der von den Sünden trennt, zu Gott und zum ewigen Leben führt. Diesen Eifer sollen also die Mönche mit glühender Liebe in die Tat umsetzen. Das bedeutet: Sie sollen einander in gegenseitiger Achtung zuvorkommen; ihre körperlichen und charakterlichen Schwächen sollen sie mit unerschöpflicher Geduld ertragen; im gegenseitigen Gehorsam sollen sie miteinander wetteifern; keiner achte auf das eigene Wohl, sondern mehr auf das des anderen; die Bruderliebe sollen sie einander selbstlos erweisen; in Liebe sollen sie Gott fürchten; ihrem Abt seien sie in aufrichtiger und demütiger Liebe zugetan. Christus sollen sie überhaupt nichts vorziehen. Er führe uns gemeinsam zum ewigen Leben.«

Verwendete Literatur

Franz-Josef Bode, *Heute erfüllt sich das Wort*. Freiburg i. Br.: Herder ²2006

Francois Bovon, *Das Evangelium nach Lukas*. EKK III/1-4. Ostfildern-Ruit: Patmos ³2013 (EKK III/1), ²1996 (EKK III/2), ³2001 (EKK III/3), ¹2009 (EKK III/4)

Detlev Dormeyer, *Das Lukasevangelium*. Stuttgart: Katholisches Bibelwerk 2011

Die Regel des heiligen Benedikt, hrsg. im Auftrag der Salzburger Äbtekonferenz, Beuron ²2008

Wilfried Eckey, *Das Lukasevangelium*. Neukirchen-Vluyn: Neukirchener Theologie 2006 (Teilband 1), 2004 (Teilband 2)

Wilfried Eckey, *Die Apostelgeschichte*. Neukirchen-Vluyn: Neukirchener Theologie 2010 (Teilband 1), 2010 (Teilband 2)

Fridolin Stier, Eleonore Beck (Hg.), Gabriele Miller (Hg.), *Das Neue Testament*. Übersetzt von Fridolin Stier. München: Kösel-Verlag ⁷2012